ABRÉGÉ

DE LA

GÉOGRAPHIE

DE CROZAT.

©

ABRÉGÉ

DE LA

GÉOGRAPHIE

DE CROZAT,

PAR DEMANDES ET PAR RÉPONSES;

CONTENANT

La nouvelle Division de la France par départemens ou préfectures, sous-préfectures, evêchés, etc. ; les Changemens survenus, tant en Europe que dans les autres parties du monde, d'après les actes du Congrès de Vienne, les Traités de Paris de 1814, 1815 et autres, avec la Distance de Paris à chaque chef-lieu de Département.

NOUVELLE ET SEULE ÉDITION,

ORNÉE DE 16 FIGURES INSTRUCTIVES POUR LA DÉMONSTRATION DES PREMIERS ÉLÉMENS DE LA SPHÈRE, DE 7 CARTES GÉOGRAPHIQUES, ET D'UN PLAN DE PARIS.

AVIGNON,

Chez Laurent AUBANEL, Imprim.-Libraire.

1826.

fieur de Blinville, jufqu'à ce qu'elles

bats; & vous le dirai-je: toute voi

TABLE
DES CHAPITRES.

a

FIN DE LA TABLE DES CHAPITRES.

TRAITÉ
ABRÉGÉ
DE LA SPHÈRE.

NOTIONS GÉNÉRALES.

D. Qu'entend-on par le mot sphère ?

R. Le mot *sphère* signifie globe ou boule. On donne ordinairement ce nom à une machine composée de plusieurs cercles, au milieu desquels est une petite boule qui représente la terre. Cette machine se nomme *sphère armillaire*, sphère de Ptolémée (1), ou simplement sphère. Elle représente le monde ou la sphère naturelle, *fig. 1. pag. iv.*

D. Qu'est-ce que le monde ?

R. Le *monde* est l'assemblage de tous les corps que Dieu a créés ; ce qui comprend toute la vaste étendue du ciel avec les astres qui y sont, et la terre qui paroît immobile au milieu.

D. Quelle est la forme du monde ?

R. Selon l'opinion la plus commune, le monde est *rond* ; mais, ne fût-ce qu'une supposition, elle sert à faire comprendre plus facilement ce qui se passe dans le ciel, et elle n'y apporte aucun changement.

D. Qu'est-ce que le ciel ?

R. Le *ciel* est le grand espace où sont les corps

---

(1) Quoique le système du monde de Ptolémée ne soit plus suivi par les astronomes, il est adopté ici parce qu'il est plus conforme aux mouvemens apparens des astres, et que c'est lui qui est représenté dans la sphère artificielle. Dans le système de Ptolémée, la terre est supposée au centre du monde, dans celui de Copernic, qui est le vrai système du monde, la terre, aussi bien que les planètes, tourne autour du soleil qui est fixe.

iv *Abrégé*

célestes. Son extrémité est la même que celle du monde ; c'est pourquoi sa figure étant supposée ronde, on lui donne le nom de sphère céleste.

D. Comment se fait le mouvement du ciel ?

R. Ce mouvement paroît se faire d'orient en occident, autour d'une ligne qui est supposée passer par le centre de la terre, et aller se terminer en deux points opposés du ciel, lesquels seuls ne changent pas de place. Tous les astres sont emportés par ce mouvement.

D. Comment nomme-t-on la ligne autour de laquelle se fait ce mouvement ?

R. Elle s'appelle l'*axe* ou *essieu* du monde, parce que le ciel et les astres se meuvent autour de cette ligne, comme une roue autour de son essieu.

D. Comment appelle-t-on les deux points du ciel où l'axe se termine ?

R. On les nomme les *pôles du ciel* ou *du monde* ; l'un est le pôle septentrional ou arctique ; l'autre, le pôle méridional ou antarctique.

D. Les astres n'ont-ils pas un autre mouvement ?

R. Outre ce mouvement qu'on appelle commun ou journalier, par lequel les astres tournent avec le ciel d'orient en occident, ils en ont encore un autre qui leur est propre, par lequel ils vont d'occident en orient.

D. Comment détermine-t-on la situation des astres, leur mouvement et leurs distances respectives ?

R. On a imaginé pour cela dans le ciel divers cercles au moyen desquels on est parvenu à le diviser en parties déterminées, et à prendre ainsi des points et des positions fixes. On s'est servi de ces mêmes cercles pour diviser la terre en les appliquant aux lieux qui paroissent répondre aux cercles marqués dans le ciel. C'est pour faciliter cette étude qu'on a imaginé la *Sphère* dont nous avons parlé, qui, nous le répétons, est un assemblage de points, de lignes, de cercles imaginaires, qui servent à reconnoître la marche des astres dans

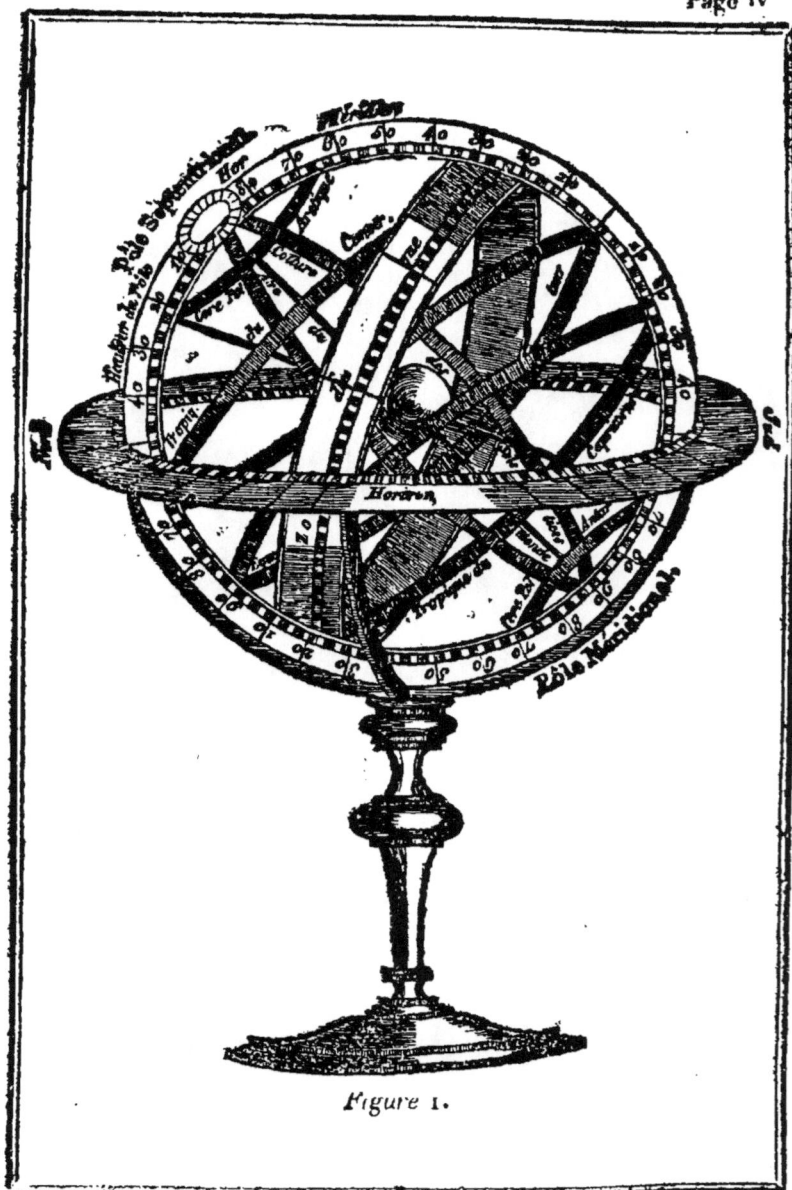

Figure 1.

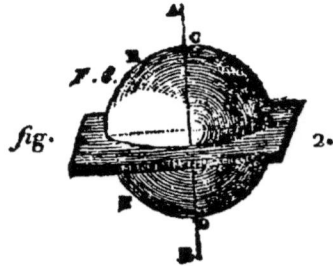

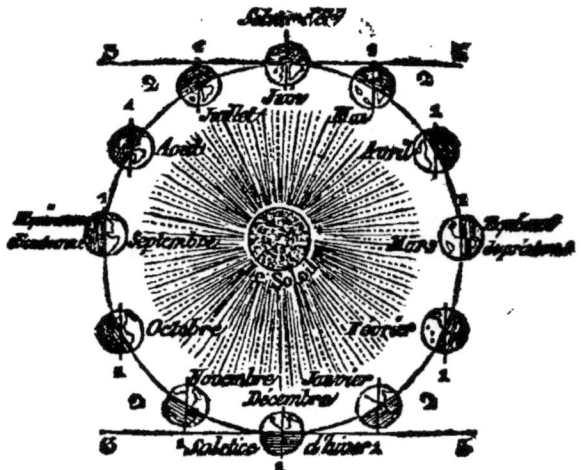

fig. 3.

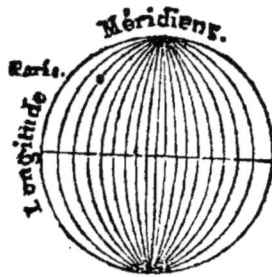

fig. 4.

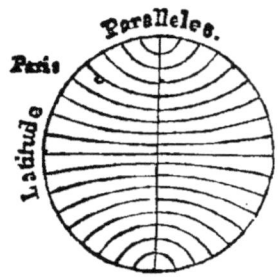

fig. 5.

le ciel et qu'on applique aux différentes divisions
de la terre , *fig.* 1.

DES CERCLES DE LA SPHÈRE.

D. Qu'est-ce qu'un cercle ?

R. Si on appuie la pointe d'un compas sur un papier , et que l'on fasse tourner l'autre branche ,
la ligne que la pointe de cette seconde branche dé-
crirà dans son mouvement est la circonférence du
cercle : le plan du cercle ou le cercle est l'espace
même renfermé dans cette ligne. On doit donc s'ima-
giner que les cercles de la sphère artificielle , qui ne
sont presque que des circonférences , n'ont point de
vide jusqu'à leur centre.

D. Combien distingue-t-on de sorte de cercles
dans la sphère ?

R. Il y a deux sortes de *cercles* dans la sphère ,
de *grands* et de *petits*.

D. Qu'entendez-vous par grands cercles de la
sphère ?

R. Les *grands cercles* sont ceux qui coupent la
sphère en deux parties égales , et qui par conséquent
ont le même centre que la sphère.

D. Qu'est-ce que les petits cercles de la sphère ?

R. Les *petits cercles* sont ceux qui , n'ayant pas
le même centre que la sphère, la coupent en deux
parties inégales.

D. Qu'est-ce que l'*axe* d'un cercle , les *pôles* d'un
cercle dans la sphère ?

R. Dans la description de la sphère , on appelle
axe une ligne qui passe par le centre d'un cercle ,
ou d'une sphère et se prolonge de chaque côté ,
fig. 2, AB. On appelle *pôle* ou *pivot* chacun des
deux points par lequel l'axe touche la circonférence du cercle ou de la sphère , et sur lesquels
elle pourroit tourner si l'axe étoit prolongé par
chacune de ces extrémités , *fig.* 2 , CD. Si l'on
suppose un plan passant par le centre d'un globe
ou d'une sphère , entre ces deux pôles ; il se di-

a iij

vise en deux parties égales appelées hémisphères , ou moitié de Sphère , *fig.* 2 , EF.

D. Qu'entendez - vous par cercles parallèles ? *fig.* 5.

R. Des cercles sont parallèles quand ils sont également éloignés l'un de l'autre dans toute leur étendue.

D. Comment divise-t-on la circonférence d'un cercle ?

R. On divise tout cercle ou sa circonférence , en trois cent soixante parties égales , qu'on appelle degrés. Chaque degré se subdivise en soixante parties , qu'on appelle minutes ; chaque minute en soixante parties , nommés secondes , etc. Dans les sphères ordinaires on ne marque que les degrés.

D. Combien y a-t il de cercles à remarquer dans la sphère ?

R. Il y en a dix : six grands et quatre petits.

Les grands sont l'Equateur , le Zodiaque , les deux Colures , l'Horizon et le méridien.

Les petits sont les deux Tropiques et les deux cercles Polaires.

DE L'ÉQUATEUR.

D. Qu'est-ce que l'équateur ?

R. L'*équateur* est un grand cercle dont tous les points sont également distans des deux pôles du monde : il coupe ou divise la sphère en deux parties égales : l'une septentrionale , vers le pôle arctique , et l'autre méridionale , vers le pôle antarctique.

D. Ce cercle n'a-t-il pas encore un autre nom ?

R. Oui : ou le nomme aussi ligne *équinoxiale* , parce que quand le soleil s'y rencontre et le décrit par son mouvement diurne , c'est le temps des *équinoxes*.

DU ZODIAQUE.

D. Qu'est ce que le zodiaque ?

R. Le *zodiaque* n'est pas un véritable cercle , puisque sa circonférence a de la largeur sur la surface de la sphère, et que la circonférence d'un cercle n'en a point. On a donné au zodiaque seize degrés de largeur, pour y comprendre le cours des planètes : mais parmi les petites planètes récemment découvertes, il en est une qui s'écarte de trente-cinq degrés, au sud et au nord de l'écliptique ; il faudroit donc donner actuellement soixante-dix degrés de largeur au zodiaque.

L'équateur coupe le zodiaque en deux parties égales, dont l'une est septentrionale et l'autre méridionale.

D. Comment nomme-t-on le grand cercle dont la circonférence partage en deux parties égales la largeur du zodiaque ?

R. On nomme ce grand cercle *écliptique* : ce cercle est celui que paroît décrire le soleil dans son mouvement annuel. On l'appelle ainsi, parce que c'est dans le plan de ce cercle que se forment les éclipses de soleil et de lune. L'écliptique coupe l'équateur, de manière que la plus grande distance de ces deux cercles, est d'environ vingt-trois degrés et demi ; les deux points opposés de l'écliptique qui sont à cette distance de l'équateur, se nomment *solstices*, parce que le soleil arrivé à ces points de sa révolution, paroît s'arrêter avant de revenir sur ses pas.

D. Comment divise-t-on le zodiaque ?

R. Le zodiaque est divisé en douze parties égales qu'on appelle signes : chacun de ces signes contient trente degrés ; il y en a six vers le septentrion et six vers le midi. Voici les noms de ces signes avec les caractères qui servent à les représenter.

Les six septentrionaux sont :

Aries,	le Bélier,	♈
Taurus,	le Taureau,	♉
Gemini,	les Gémeaux,	♊
Cancer,	l'Écrevisse,	♋
Leo,	le Lion,	♌
Virgo,	la Vierge,	♍

Les six méridionaux sont :

Libra ,	la Balance ,	♎
Scorpius ,	le Scorpion ,	♏
Sagittarius ,	le Sagittaire ,	♐
Capricornus ,	le Capricorne ,	♑
Aquarius ,	le Verseau ,	♒
Pisces ,	les Poissons ,	♓

D. A quoi répondent les douze signes du zodiaque ?

R. Ces douze signes répondent aux douze mois de l'année. Le soleil entre au signe du Bélier vers le 20 mars ; à la fin d'avril il entre dans le signe suivant , et ainsi de suite dans les autres signes.

D. Quel est l'ordre des signes ?

R. L'ordre des signes est d'occident en orient , suivant le mouvement propre du soleil.

DES DEUX COLURES.

D. Qu'est-ce que les colures ?

R. Les *colures* sont deux grands cercles qui passent par les pôles du monde : l'un coupe l'équateur aux deux points des *équinoxes* ; on le nomme colure des *équinoxes* : l'autre passe par les deux points de l'écliptique les plus éloignés de l'équateur , qui sont les points des *solstices ;* et on le nomme colure des *solstices.*

D. Quels sont les points des équinoxes ?

R. Les points des équinoxes sont le commencement du Bélier et de la Balance ; quand le soleil s'y trouve , le jour est égal à la nuit par toute la terre.

D. A quelle époque de l'année arrivent les équinoxes ?

R. Lorsque le soleil entre dans le signe du Bélier , ce qui arrive vers le 20 mars , c'est dans notre hémisphère , l'équinoxe du printemps ; lors-

qu'il entre au signe de la Balance , ce qui arrive
vers le 22 septembre , c'est l'équinoxe d'automne : c'est le contraire pour l'hémisphère opposé ,
fig. 3.

D. Quels sont les points des solstices ?

R. Les points des solstices sont le commencement
des signes du Cancer et du Capricorne. Le premier degré du Cancer est pour l'Europe le point
du solstice d'été ; nous avons alors le plus long
jour de l'année : le premier degré du Capricorne est
le point du solstice d'hiver ; c'est pour nous le jour
le plus court de l'année.

D. Dans quel temps de l'année arrivent les
solstices ?

R. Le soleil entre au signe du Cancer vers le
22 juin ; il entre au signe du Capricorne vers le 22
décembre , *fig.* 3.

Cette figure indique encore les deux mouvemens
de la terre. D'abord toutes les vingt-quatre heures
elle tourne sur son axe, comme une boule qui tourne
sans changer de place. L'autre mouvement qu'elle
exécute en 365 jours 50 minutes , ce qui forme
l'année , est progressif; la terre avance ainsi comme
la roue d'un char qui est en mouvement. On voit
que de ce mouvement journalier de la terre résulte
les jours et les nuits.

DE L'HORIZON.

D. Qu'est-ce que l'horizon ?

R. *L'horizon* est un grand cercle qui sépare la
partie visible du ciel d'avec celle qui est invisible.

D. Quels sont les pôles de l'horizon ?

R. Les pôles de l'horizon sont deux points du
ciel , dont l'un qui est au-dessus de notre tête s'appelle *Zénith* , et l'autre qui lui est directement
opposé se nomme *Nadir*.

D. L'horizon est-il le même pour tous les points
de la terre ?

R. Non : comme chaque endroit de la terre a

a v

un zénith particulier , il s'ensuit qu'il a aussi un horizon particulier.

D. Combien y a-t-il de sortes d'horizons ?

R. Il y a deux sortes d'horizons ; *l'horizon rationnel* et *l'horizon sensible*.

D. Qu'est-ce que l'horizon rationel ?

R. *L'horizon rationnel* est celui qui , passant par le centre de la sphère , la coupe en deux parties égales , qu'on nomme hémisphère , dont l'un est supérieur ou visible , l'autre inférieur ou invisible.

D. Qu'est-ce que l'horizon sensible ?

R. *L'horizon sensible* est un cercle parallèle à l'horizon rationnel , qui touche la surface de la terre au point où sont nos pieds. C'est le petit cercle qui borne notre vue , lorsque nous sommes en pleine campagne.

D. Quel est l'usage de l'horizon ?

R. L'horizon sert à marquer le lever et le coucher des astres. Lorsqu'un astre vient sur l'horizon, il se lève ; on peut le voir pendant qu'il est sur cet horizon ; quand il va dessous , il se couche , et l'on ne peut plus le voir.

DU MÉRIDIEN.

D. Qu'est-ce que le méridien ?

R. Le *méridien* est un grand cercle qui passe par les pôles du monde , et par le zénith et le nadir du lieu dont il est le méridien.

D. Pourquoi nomme-t-on ce cercle méridien ?

R. On l'appelle méridien , parce qu'il est midi pour tous ceux qui sont sous ce cercle , lorsque le soleil y passe sur l'horizon ; et minuit , lorsqu'il y passe au-dessous de l'horizon.

D. Quels sont les autres usages du méridien ?

R. Le méridien coupe le monde en deux hémisphères , dont l'un est appelé oriental , et l'autre occidental : l'oriental est celui où les astres se lèvent ; l'occidental , celui où ils se couchent.

Il sert encore à marquer la hauteur du pôle ,

Cercles

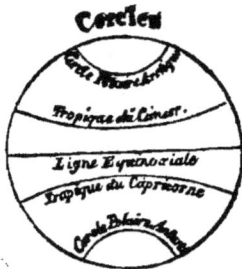

Cercle Polaire Arctique

Tropique du Cancer.

Ligne Equinoxiale

Tropique du Capricorne

Cercle Polaire Antarct.

fig. 6.

Zones

Zone Glaciale

Zone Temperée Septentrionale

Zone
Torride

Zone Temperée Meridionale

Zone Glaciale

fig. 7.

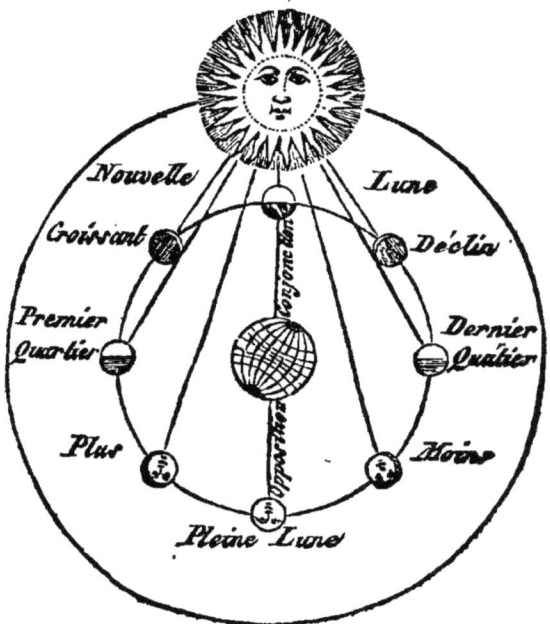

Nouvelle   Lune

Croissant   Déclin

Premier
Quartier   Dernier
Quartier

Plus   Moins

Pleine Lune

fig. 8.

c'est-à-dire , l'élévation du pôle au-dessus de l'horizon : car , quand les pôles du monde ne sont point dans l'horizon , il y en a un au-dessus et l'autre au-dessous. L'élévation de celui qui est au-dessus se compte par le nombre de degrés que contient la partie du méridien qui est entre ce pôle et l'horizon.

D. Comment détermine-t-on sur le globe terrestre et au moyen des degrés la position d'un point quelconque ?

R. On part d'un méridien convenu , d'après lequel on commence à compter les degrés sur l'équateur et en allant vers l'orient sur la circonférence du globe , jusqu'à ce que l'on soit revenu au point de départ. Il est indifférent de compter en degrés sur l'équateur ou sur tout autre cercle qui lui soit parallèle et qu'on divise en 360 degrés que l'on appelle de longitude , fig. 4. Les degrés de latitude se comptent sur les méridiens en allant de l'équateur à l'un des pôles , et la latitude prend le nom de septentrionale ou méridionale suivant le pôle vers lequel on s'est dirigé , fig. 4 et 5.

D. Tous les lieux de la terre ont-ils le même méridien ?

R. Non : le méridien passant à la fois par les deux pôles du monde , et par le zénith et le nadir du lieu , il est clair qu'on peut aller d'un pôle à l'autre sans changer de méridien ; mais qu'on ne peut faire un pas d'orient en occident , ou d'occident en orient , sans en changer , fig. 4 et 5.

DES TROPIQUES

ET DES CERCLES POLAIRES.

D. Qu'est-ce que les tropiques ?

R. Les tropiques sont deux petits cercles parallèles à l'équateur , et qui en sont éloignés de vingt-trois degrés et demi.

a vj

On voit par-là qu'ils touchent l'écliptique, l'un au commencement du Cancer, et on l'appelle le tropique du Cancer ; l'autre au commencement du Capricorne, et on le nomme le tropique du Capricorne, *fig.* 6.

D. Qu'est-ce que les cercles polaires ?

R. On appelle ainsi deux petits cercles parallèles à l'équateur, éloignés chacun d'un des pôles du monde de vingt-trois degrés et demi : celui qui est vers le pôle arctique est appelé cercle polaire arctique, l'autre s'appelle cercle polaire antarctique, *fig.* 6.

Les tropiques et les cercles polaires séparent le ciel en cinq bandes ou *zones*, dont une torride, deux tempérées et deux glaciales. On nomme zone torride ou brûlée, l'espace compris entre les deux tropiques : ceux qui renferment les tropiques et les cercles polaires, s'appellent zones tempérées. Les zones glaciales sont comprises entre les cercles polaires et les pôles, *fig.* 7.

DES ASTRES

ET DE LEURS MOUVEMENS.

D. Combien distingue-t-on de sortes d'astres ?

R. On distingue deux sortes d'astres, les *étoiles fixes* et les *planètes*.

D. Qu'entendez-vous par étoiles fixes ?

R. On désigne ainsi celles qui conservent toujours entr'elles la même distance.

D. Qu'entendez-vous par planètes ?

R. Les *planètes* ou *astres errans* ont reçu ce nom, parce qu'elles sont tantôt plus proches, et tantôt plus éloignées les unes des autres.

DES ÉTOILES FIXES.

D. Le nombre des étoiles fixes est-il connu ?

R. Non : il est impossible de dire au juste combien il y a d'étoiles. Les anciens astronomes en comptoient 1022. Depuis l'invention des lunettes à longue vue, on ne peut douter qu'il n'y en ait un bien plus grand nombre ; et la seule *voie lactée*, que le vulgaire appelle le *chemin de Saint-Jacques*, n'est qu'un amas d'étoiles.

D. La lumière des étoiles fixes leur est-elle propre ?

R. Oui : il n'en est pas de même des *planètes*, qui sont des corps opaques, et qui n'ont de lumière que celle qu'elles reçoivent du soleil.

D. Comment a-t-on partagé les étoiles fixes ?

R. On a partagé les étoiles fixes en différens groupes, qu'on appelle *constellations*. On compte en tout 62 constellations ; 23 dans la partie septentrionale, 27 dans la partie méridionale, et 12 dans le zodiaque.

D. Comment se fait le mouvement des étoiles fixes ?

R. Les étoiles fixes, par leur mouvement commun, décrivent des cercles parallèles à l'équateur : plus elles en sont éloignées, plus leurs cercles sont petits. Leur mouvement particulier d'occident en orient forme des cercles parallèles à l'écliptique. Le mouvement des étoiles est très-lent ; elles sont 70 ans à faire un degré, et conséquemment plus de 25,000 ans à faire leur révolution entière.

DES PLANÈTES EN GÉNÉRAL.

D. Combien y a-t-il de planètes ?

R. Elles sont au nombre de sept non compris la terre (1) ; les voici avec les signes dont on se sert pour les représenter.

---

(1) On a fait depuis quelques années de très-grandes découvertes en astronomie. On ne connoissoit auparavant que sept planètes, parmi lesquelles on comprenoit le Soleil et la Lune. Ce nombre paroissoit invariablement fixe, lors-

Soleil.	☀
Mercure.	☿
Vénus.	♀
Terre.	♁
Lune.	☽
Mars.	♂
Jupiter.	♃
Saturne.	♄

D. Les planètes sont-elles toujours à la même distance de la terre ?

R. Non , le centre de leur mouvement n'étant pas le même que celui de la terre : de là leur *apogée* , c'est-à-dire le point où elles sont le plus éloignées de la terre ; et leur *périgée* , c'est-à-dire le point où elles sont le plus près de la terre.

___

que M. Herschel , célèbre astronome allemand , qui demeure en Angleterre , en a découvert une à Bath , les nuits du 3 au 5 avril 1781 , elle porte le nom *d'Uranus*. Comme on a rangé la Terre parmi les planètes , et qu'on a cessé d'y comprendre le Soleil et la Lune , le nombre des planètes étoit toujours de sept , mais depuis le commencement de ce siècle , on en a découvert quatre nouvelles. La première fut aperçue à Palerme , le 1.er Janvier 1801 , par M. Piazzi ; elle s'appelle *Cérès*. M. Olbert en a découvert une seconde à Brémen , le 28 mars 1802 ; son nom est *Pallas*. M. Harding a découvert la troisième à Lilienthal en Saxe ; on la nomme *Junon*. Enfin le 19 mars 1807 , M. Olbers , à qui on devoit déjà la découverte de Pallas a aperçu pour la première fois la quatrième , à laquelle on a donné le nom de *Vesta*. Voici les nouvelles planètes avec les signes dont les astronomes se servent pour les représenter.

Uranus.	♅
Cérès.	⚳
Pallas.	⚴
Junon.	⚵
Vesta.	⚶

DU SOLEIL.

D. Qu'est-ce que le soleil?

R. De toutes les planètes (1), le soleil est la seule qui ait une lumière qui lui soit propre : c'est aussi celle dont le mouvement est le moins irrégulier.

D. Dans quel cercle se fait le mouvement du soleil ?

R. Le soleil parcourt l'écliptique sans jamais s'en écarter (2). Le cercle qu'il décrit par son mouvement journalier, est parallèle à l'équateur.

D. Quelle est la distance du soleil à la terre ?

R. Le soleil est à environ 33,000,000 de lieues de la terre.

D. Dans quels signes se trouvent l'apogée et le périgée du soleil?

R. L'apogée du soleil est vers le neuvième degré du Cancer, au mois de juin ; le périgée vers le neuvième du Capricorne, à la fin de décembre ; dans le premier point il est plus éloigné de la terre d'environ 1,000,000 de lieues que dans le second.

D. En combien de temps le soleil fait-il sa révolution ?

R. Le soleil s'avançant tous les jours d'un degré environ d'occident en orient, par son mouvement propre, parcourt les 360 degrés de l'écliptique dans l'espace de 365 jours six heures moins

---

¹ Le soleil n'est plus regardé comme une planète, mais comme une étoile fixe.

² On parle ici du mouvement des planètes, selon le système de Ptolémée (mort vers l'an 142), et, selon ce qui paroît à nos yeux, parce que c'est d'après ce système, dans lequel on suppose que le soleil tourne autour de la terre, que les globes ont été construits ; dans un autre système, qui est celui de Copernic (mort en 1543), c'est le soleil qui est immobile, et la terre tourne : ce second système est aujourd'hui le seul suivi par les savans.

onze minutes , c'est ce qui forme l'année solaire qui est de 365 jours. Les six heures qui restent font un jour au bout de 4 ans : c'est pourquoi tous les quatre ans il y a une année bissextile , qui est composée de 366 jours.

D. Toutes les quatrièmes années sont-elles bissextiles ?

R. Non : comme il a onze minutes de moins , ces onze minutes forment un jour en 130 ans , on supprime trois bissextiles dans l'espace de 400 ans. Ainsi la dernière année de chaque siècle n'est point bissextile , excepté de 400 ans en 400 ans.

DE LA LUNE.

D. Qu'est-ce que la lune ?

R. Quoique la lune nous paroisse plus grande que toutes les autres planètes (1) , excepté le soleil , c'est néanmoins la plus petite. Ce qui fait qu'elle nous paroît plus grande que les autres , c'est qu'elle est beaucoup plus près de la terre.

D. Quelle est la distance de la lune à la terre ?

R. Elle n'en est éloignée que de 91,000 lieues dans son apogée , et de 80,000 dans son périgée. La lune est 49 fois plus petite que la terre.

D. La lune a-t-elle une lumière qui lui soit propre ?

R. Non la lune est un corps opaque , et elle n'a de lumière que celle qu'elle reçoit du soleil.

D. Qu'entendez-vous par les phases de la lune ?

R. On appelle ainsi les différens aspects qu'elle nous présente, suivant sa position, par rapport au soleil et à la terre. On en compte quatre, la nouvelle lune, la pleine lune, le premier et le dernier quartiers, *fig.* 8.

D. Qu'est-ce que la nouvelle lune?

R. La lune est *nouvelle*, quand elle est du même

* La lune n'est plus regardée comme une planète, mais comme le satellite de la terre, ou planète secondaire.

fig. 9.

Eclipse de Soleil.

fig. 10.

Soleil   Lune   Terre

Eclipse de Lune.

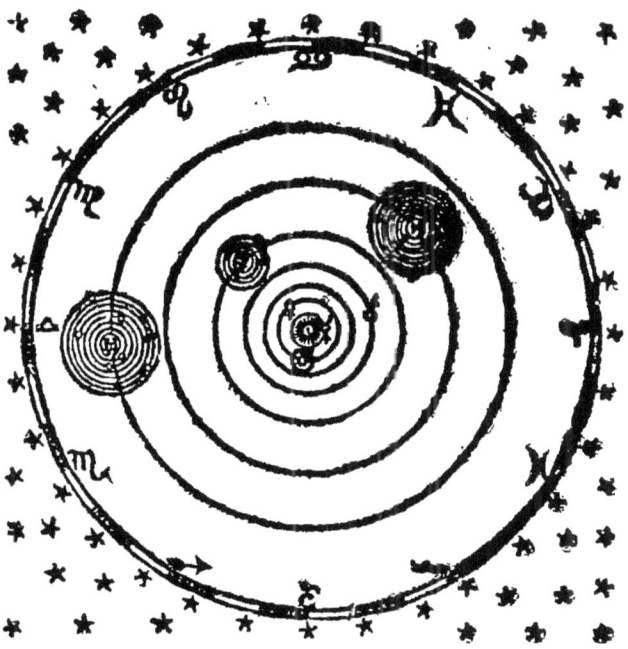

fig. 11.

Lune   Terre   Soleil

fig. 12.

côté que le soleil , par rapport à la terre. Alors se trouvant entre le soleil et la terre , sa partie éclairée est vers le soleil , et par conséquent elle ne peut nous éclairer.

D. Qu'est-ce que le premier quartier ?

R. A mesure que la lune s'écarte du soleil , une portion de la partie éclairée se présente vers nous , et s'augmentant de jour en jour , forme ce qu'on nomme le *premier quartier*, lorsqu'elle est parvenue au quart de sa révolution.

D. Qu'est-ce que la pleine ?

R. En s'éloignant de plus en plus du soleil , la lune nous montre une plus grande portion éclairée , jusqu'à ce qu'étant arrivée au milieu de son cercle , elle est du côté opposé au soleil par rapport à la terre : alors toute la partie éclairée étant de notre côté , c'est *la pleine lune*.

D. Qu'est-ce que le dernier quartier ?

R. La lune se rapprochant du soleil , la partie éclairée qui est vers nous , diminue ; et quand elle est arrivée aux trois quarts de sa révolution , alors elle est dans son *dernier quartier*.

D. En combien de temps la lune faite-elle sa révolution ?

R. La lune fait sa révolution en 27 jours et 8 heures environ ; mais comme le soleil , pendant ce temps , a fait 27 degrés , il lui faut plus de deux jours pour l'atteindre ; d'où il arrive que ce n'est qu'au bout de 29 jours 12 heures qu'elle se retrouve entre le soleil et la terre ; c'est ce qu'on appelle mois lunaire ; douze de ces mois font une année lunaire , qui n'a que 354 jours , et ainsi l'année lunaire a onze jours de moins que l'année solaire.

D. Comment se fait le mouvement propre de la lune ?

R. Le mouvement propre de la lune se fait suivant un cercle qui coupe l'écliptique en deux points qui s'appellent *nœuds*, *fig.* 9, *a*, *b*.

On appelle écliptique l'orbite de la terre , et

parce que les éclipses ont lieu dans le voisinage de ces nœuds. La lune tournant autour de la terre, il arrive nécessairement que lorsqu'elle se trouve entre la terre et le soleil, ce qu'on appele *conjonction*, *fig.* 8, elle devroit nous cacher plus ou moins cet astre et produire ainsi une éclipse de soleil ; et que lorsque la terre se trouve entre le soleil et la lune, ce qu'on appelle *opposition*, *fig.* 8, elle devroit couvrir la lune de son ombre, et produire ainsi une éclipse de lune. Cela arrive aussi fort souvent ; mais comme l'orbite que la lune décrit autour de la terre n'est pas dans le même plan que celui que la terre décrit autour du soleil, la lune dans ses *syzigies* (c'est le nom commun que l'on donne à la conjonction et à l'opposition), se trouvant fréquemment un peu au-dessus ou au-dessous de l'ombre du soleil ou de la terre, alors il n'y a point d'éclipse.

D. Quand y a-t-il éclipse de lune ?

R. Lorsque la lune est du côté opposé au soleil, par rapport à la terre, et qu'en même temps elle est dans ses nœuds ou près de ses nœuds, la terre se trouvant juste entre deux, la lune ne reçoit plus la lumière du soleil : elle est éclipsée, *fig.* 11.

D. Quand y a-t-il éclipse de soleil ?

R. Lorsque la lune est du même côté que le soleil par rapport à la terre, et qu'elle est dans ses nœuds ou près de ses nœuds ; elle se trouve juste entre le soleil et la terre, et comme elle cache le soleil à celle-ci, on dit qu'il y a éclipse de soleil, *fig.* 10. (1)

DES AUTRES PLANÈTES ET DE LEURS SATELLITES.

D. Quelles sont les autres planètes ?

R. Ces planètes sont : Saturne, Jupiter, Mars,

---

* L'éclipse de soleil devroit plutôt être appelée *éclipse de terre*, puisque ce qu'on appelle ordinairement *éclipse de soleil*, n'est que la privation de la lumière de cet astre pour une partie de la surface de la terre.

Vénus et Mercure. Les trois premières sont plus éloignées de la terre que le soleil ; quelquefois néanmoins Mars en est beaucoup plus proche, *fig.* 12.

D. Comment se fait le mouvement des planètes ?

R. Par leur mouvement propre, elles vont d'occident en orient, en décrivant des cercles qui coupent l'écliptique en différens points.

D. En combien de temps Saturne fait-il sa révolution ?

R. Saturne fait sa révolution en 29 ans et 155 jours. Il est dix fois plus éloigné du soleil que la terre ?

D. Saturne n'a-t-il pas autour de lui des lunes ou satellites ?

R. Saturne est entouré de sept petites lunes ou *satellites*, *fig.* 12, où ils sont indiqués par des petits points blancs placés sur des cercles qui marquent leur révolution autour de leur planète. Saturne est aussi entouré d'un cercle qui réfléchit perpétuellement la lumière du soleil. On appelle ce cercle *l'anneau de Saturne.* (Voyez à la page xiij la figure des Planètes.)

D. En combien de temps Jupiter fait-il sa révolution ?

R. Jupiter fait sa révolution en 11 ans et 313 jours. Il est cinq fois plus éloigné du soleil que la terre.

D. Jupiter a-t-il des satellites ?

R. Oui : cette planète a autour d'elle quatre petites lunes ou *satellites*, qui souffrent de fréquentes éclipses, *fig.* 12.

D. En combien de temps les autres planètes font-elles leur révolution ?

R. Mars fait sa révolution en un an et 322 jours : Vénus en sept mois et demi ; Mercure en trois mois.

Elles n'ont pas de satellites. Les deux dernières se voient toujours aux environs du soleil.

Uranus a six satellites et fait sa révolution en 81 ans , *fig*. 12. (1)

DES POSITIONS DE LA SPHÈRE.

D. Qu'entendez-vous par position de la sphère ?

R. Les positions de la sphère sont les différentes manières dont on peut placer et considérer la sphère artificielle , pour voir ce qui arrive à ceux qui ont effectivement la sphère naturelle disposée d'une de ces manières , selon le lieu qu'ils occupent sur la terre.

D. Combien distinguez-vous de ces positions ?

R. Ces positions se réduisent à trois ; car la sphère ne peut être que droite , ou parallèle , ou oblique , selon la position de l'équateur par rapport à l'horizon.

D. Qu'est-ce que la sphère droite ?

R. La sphère est *droite* , lorsque l'équateur coupe l'horizon perpendiculairement , c'est-à-dire ne penche ni d'un côté ni de l'autre sur ce cercle. Alors les pôles du monde sont dans l'horizon , et réciproquement les pôles de l'horizon sont dans l'équateur , au zénith et au nadir.

D. Qu'est-ce que la sphère parallèle ?

R. La sphère est *parallèle* quand l'équateur et l'horizon sont *parallèles* , ou sont confondus ensemble ; alors les pôles du monde sont confondus avec le zénith et le nadir.

D. Qu'est-ce que la sphère oblique ?

R. La sphère est *oblique* quand l'équateur coupe l'horizon *obliquement*.

---

(1) La révolution de Pallas est de 4 ans 243 jours , et sa distance du soleil est de 96,500,000 lieues environ.

La révolution de Cérès est de 4 ans 219 jours , et sa distance du soleil est 'de 96,000,000 lieues environ.

Vesta fait sa révolution en 4 ans et 4 mois, et sa distance du soleil est à peu près la même que pour les deux précédentes.

La révolution de Junon est de 3 ans et 8 mois , et cette planète est un peu plus près du soleil que les trois précédentes.

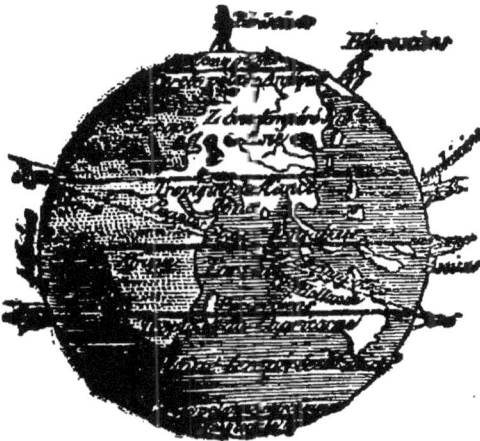

fig. 13.

Sphéricité de la Terre.

fig. 14.

ROSE DES VENTS.

fig. 15.

D. Qu'arrive-t-il dans la sphère droite ?

R. Dans cette position , en quelqu'endroit de l'écliptique que soit le soleil , les cercles qu'il décrit chaque jour par son mouvement commun , sont coupés en parties égales par l'horizon. Les peuples de la terre qui habitent sous l'équateur , et qui ont leur zénith et leur nadir dans ce cercle , ont la sphère droite : ils ont conséquemment un équinoxe perpétuel : chaque jour de l'année , le soleil est autant de temps sur leur horizon que dessous , et les jours sont chez eux égaux aux nuits pendant toute l'année.

D. Qu'arrive-t-il dans la sphère parallèle ?

R. Dans la sphère parallèle , comme l'horizon , confondu alors avec l'équateur , coupe l'écliptique en deux parties égales, l'une supérieure et visible , et l'autre inférieure et invisible , le soleil est six mois sur l'horizon et six mois dessous : en sorte que si nous supposons des hommes sous les pôles , ils n'ont qu'un seul jour et une seule nuit dans toute l'année , l'un et l'autre de six mois : le soleil et les astres qu'ils voient , tournent autour d'eux , en vingt-quatre heures , parallèlement à l'horizon ; mais ils ne voient que la moitié des astres. Leur nombre tourne autour d'eux en vingt-quatre heures.

D. Qu'arrive-t-il dans la sphère oblique ?

R. Quand la sphère est oblique , tous les cercles que le soleil décrit chaque jour , excepté l'équateur , sont coupés en deux parties inégales par l'horizon , c'est pourquoi les pays où la sphère est oblique ont pendant toute l'année des jours plus longs ou plus courts que les nuits qui les suivent , si on en excepte les jours des équinoxes , auxquels le soleil décrit l'équateur par son mouvement diurne ; car alors les jours sont égaux aux nuits par toute la terre.

Dans cette situation de la sphère , il y a une partie du ciel que l'on voit toujours , et une autre que l'on ne voit jamais : ces parties sont plus ou moins grandes, selon que le pôle est plus ou moins élevé au-dessus de l'horizon ; ce qu'on peut facilement remarquer avec une sphère.

D. L'inégalité des jours et des nuits est-elle la même pour tous les lieux qui ont la sphère oblique ?

R. Quoique dans tous les endroits de la terre où la sphère est oblique les jours ne soient pas égaux aux nuits, l'inégalité n'est pas la même partout : plus on approche des pôles, plus la différence est grande. Par exemple ; à Paris, le vingt-deuxième jour de juin est de seize heures, et la nuit suivante de huit : en Suède, à Stockholm, le plus long jour est de dix-huit heures et demie, et la nuit qui suit de cinq heures et demie.

D. Le contraste des saisons dans les deux hémisphères n'a-t-il pas fait donner aux peuples qui les habitent des noms particuliers ?

R. Oui. On appelle *Périsciens*, ceux qui habitent les zones froides ; *Hétérosciens*, ceux qui habitent les zones tempérées ; *Amphisciens*, ceux qui habitent la zone torride ; *Asciens*, qui veut dire sans ombre, indiquent les habitans des zones torrides qui, ayant quelque temps le soleil sur leur tête, sont alors sans ombre ; les *Antisciens* habitent de différens côtés de l'équateur ; leurs ombres ont à midi des directions contraires, *fig.* 13.

D. Comment prouve-t-on la sphéricité de la terre ?

R. Cette vérité est démontrée par les faits suivans. 1.º Si l'on est au bord de la mer, sa sphéricité s'aperçoit à l'œil. 2.º Si un vaisseau quitte le rivage, le corps du bâtiment disparoît le premier : puis la partie inférieure des mats, puis leur sommet. 3.º Les voyageurs qui ont fait le tour du monde sont revenus par un point opposé, *fig.* 14.

D. Dès que la terre est ronde, prouvez-nous la position possible des peuples dont nous avons parlé plus haut et dont quelques-uns ont les pieds opposés les uns aux autres.

R. On nomme ces derniers *Antipodes*, la figure 13 les représente et les désigne par une ligne qui va de gauche à droite. On ne peut pas dire que les peuples qui sont nos antipodes, par exemple, soient sous terre, car la terre, comme nous l'avons prouvé, est un globe et un globe n'a par lui-même ni dessus ni dessous, ils n'ont pas la tête en bas, car avoir la tête en bas, c'est l'avoir plus proche de la terre que les pieds : on ne peut craindre qu'ils tombent, puisque tomber c'est s'approcher de la terre. Les peuples antipodes ont les jours, les mois, les heures, les saisons absolument opposés aux nôtres ; quand nous avons le matin, ils ont le soir ; quand nous avons l'été, ils ont l'hiver, ainsi de suite.

D. Comment déterminez-vous la longueur du jour ?

R. La longueur du jour se doit entendre précisément du temps que le soleil est sur l'horizon, sans y comprendre le crépuscule.

D. Qu'est-ce que le crépuscule ?

R. Le crépuscule est la lumière qui paroît après le coucher et avant le lever du soleil ; cette dernière se nomme ordinairement aurore, et la première retient le nom de crépuscule.

D. Quelle est la durée du crépuscule ?

R. Le crépuscule dure tant que le soleil n'est pas abaissé d'environ dix-huit degrés au-dessous de l'horizon ; plus les cercles que le soleil décrit chaque jour sont obliques à l'horizon, plus les crépuscules sont longs. Depuis le 15 juin jusqu'au 1er juillet les crépuscules durent à Paris, quatre heures le matin, et autant le soir, ce qui fait qu'il n'y a point de nuit tout-à-fait obscure. Vers le 1er mars et le 15 octobre ils ne durent qu'une heure trois quarts.

D. La durée du crépuscule est-elle la même pour tous les lieux de la terre ?

R. Non : plus on approche des pôles, plus les crépuscules sont longs, parce qu'en approchant des pôles les cercles que décrit le soleil deviennent de plus en plus obliques à l'horizon.

D. Quelle est la durée du crépuscule sous les pôles mêmes ?

R. Sous les pôles les crépuscules durent deux mois avant le lever, et deux mois après le coucher du soleil, de sorte que la nuit entièrement obscure, n'y dure qu'environ deux mois, encore la lune interrompt-elle deux fois ces ténèbres, et quinze jours à chaque fois ; ce qui restreint les ténèbres profondes à un seul mois en deux fois.

ABREGE

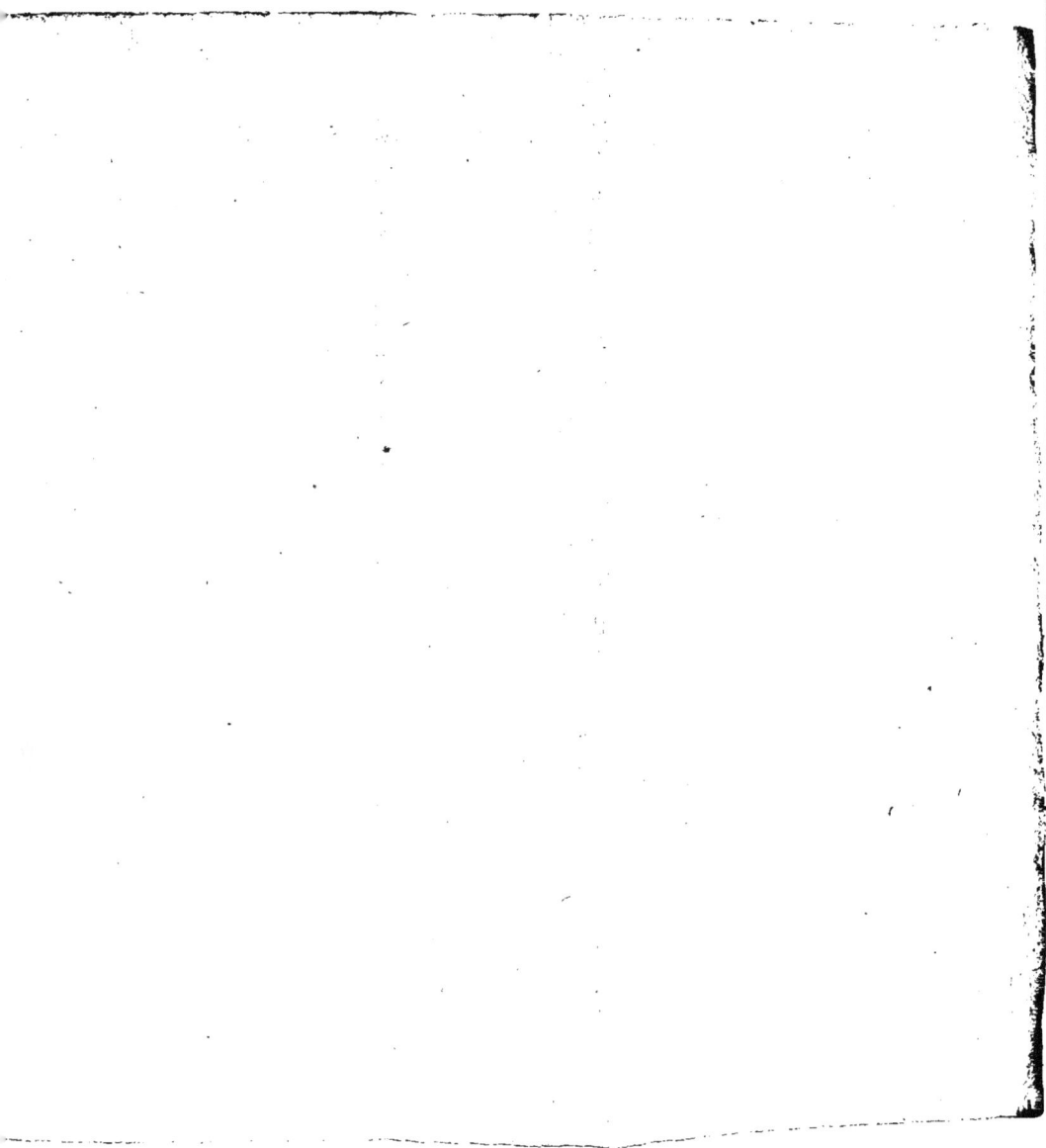

Fig. 16.   Pag

MAPPEMONDE.

Un bon moyen pour apprendre la Géographie, est de dessiner des cartes. Il faut, pour une bonne carte, que tous les lieux y soient marqués dans leur juste situation, eu égard à celle où ils se trouvent en effet sur la terre ; que la grandeur des différens pays soit convenablement proportionnée, et que leurs distances entr'eux soit fidèlement observée.

Les cartes géographiques qui ne représentent que des portions de surfaces terrestres, telles que l'une des quatre parties du monde, un ou plusieurs états, une ou plusieurs îles. etc. doivent être considérées comme des copies en grand de surfaces qu'on auroit calquées partiellement sur un globe, auxquelles, en n'altérant pas cependant l'ensemble de leur configuration, on auroit ajouté des détails que les dimensions d'un globe portatif ne permettent pas d'y représenter. Lorsqu'elles ont une grande superficie, relativement au peu d'étendue des pays qu'elles comprennent, on y trouve non-seulement les fleuves, les villes, les montagnes, etc. on iis même les ruisseaux, les villages, les collines et tous les autres détails que la nature et la main de l'homme peuvent y avoir multipliés.

Pour distinguer plus facilement l'étendue et les limites de pays, de chaque province, enfin de chaque division d'une soit générale ou particulière, on l'enlumine, c'est-à-dire passe des couleurs différentes sur les pays, les provinces su par quelques lignes de points ou autres qu'il faut suivre fidè Quelquefois même lorsqu'il s'agit de plusieurs nations diffé on couvre chaque division d'une couleur, bien entendu qu'e être assez transparente pour laisser paroître distinctement t gravure de la carte.

Le bord supérieur d'une carte bien orientée est toujours du Nord, et par conséquent le bord inférieur est celui du Suc est à droite, et l'Ouest à gauche de la personne qui la regarde les lieux situés au bas d'une carte bien orientée sont toujou méridionaux que ceux qui leur sont supérieurs, et ceux-ci pl tentrionaux que ceux-là ; ce qui est à droite est à l'Orient qui est à gauche, et ce qui est à gauche à l'Occident de ce à droite.

ABRÉGÉ
DE LA GÉOGRAPHIE
MODERNE.

CHAPITRE PRÉLIMINAIRE.

Des principaux Cercles de la Mappemonde et des quatre points cardinaux ; des termes qui appartiennent à la Géographie , et de la division du Globe terrestre.

D. Qu'est-ce que la Géographie ?

R. La Géographie est la description de la terre.

D. Quelle est la figure de la terre ?

R. La terre est ronde : sa surface est convexe et aplatie en deux points directement opposés. Elle a la forme d'une boule ou d'un globe : aussi lui donne-t-on le nom de globe terrestre.

D. Qu'entendez-vous par cartes géographiques ?

R. Les cartes géographiques sont des dessins qui représentent les diverses parties et les divers lieux de la terre , dans des positions semblables à celles qu'ils occupent réellement sur la terre.

D. Combien y a-t-il de sortes de cartes géographiques ?

R. Il y en a de trois sortes : la mappemonde, les cartes générales , les cartes particulières.

D. Qu'est-ce que la mappemonde ?

R. La *mappemonde* ou *planisphère* , est le globe aplati et coupé en deux hémisphères , ou moitiés de sphère, par le premier méridien. Elle est partagée dans le milieu par une grande ligne qui est *l'équateur* , *fig.* 16.

D. Qu'est-ce que les cartes générales ?

R. Les cartes générales sont celles qui représentent ou une partie de la terre ou un grand état.

Abr. de Géogr.   A

D. Qu'est-ce que les cartes particulières ?

R. Les cartes particulières sont celles sur lesquelles on a tracé une province, un pays, un petit territoire, etc.

D. Quels sont les premiers points à considérer sur toute carte géographique ?

R. Les quatre points cardinaux, savoir :

Le septentrion ou nord, le sud ou midi, l'est ou orient, l'ouest ou occident.

Ces points sont marqués sur les cartes, savoir : le nord en haut, le midi en bas, l'orient à droite et l'occident à gauche. Les plus remarquables après ceux-là, sont ; le sud-est, le sud-ouest, le nord-est et le nord-ouest, *fig.* 15.

D. Qu'entendez-vous par s'orienter ?

R. C'est reconnoître l'orient, et par conséquent les trois autres points cardinaux.

D. Comment s'oriente-t-on ?

R. En se tournant vers le lieu où le soleil paroît se lever. On a alors l'occident derrière soi, le midi à droite et le nord à gauche.

D. La nuit, quel moyen a-t-on de s'orienter ?

R. Il faut pour cela savoir trouver une étoile assez brillante, qui est située au nord, et qu'on appelle *Polaire*, parce qu'elle est près du pôle. En la regardant, on a le sud derrière soi, l'est à droite et l'ouest à gauche.

D. Qu'y a-t-il d'abord à considérer sur la surface du globe terrestre ?

R. Deux grandes parties ; la terre et l'eau.

D. N'y a-t-il pas des termes particuliers qui servent à exprimer les diverses modifications de ces deux grandes divisions ?

R. Oui.

D. Quels sont ces termes ?

R. Ce sont 1.º pour la terre, ceux de continent, île, presqu'île, isthme, cap, côte, montagne ; 2.º pour l'eau, ceux d'archipel, golfe, rade, détroit, lac et rivière.

D. Qu'est-ce qu'un continent ?

R. Un *Continent*, qu'on appelle aussi *terre ferme*, est une grande portion de terre qui comprend plusieurs régions qui ne sont pas séparées par des mers.

D. Qu'est-ce qu'une île ?

R. Une *île* est une portion de terre qui est entièrement entourée d'eau.

D. Qu'est-ce qu'une presqu'île ?

R. Une *presqu'île* ou *péninsule* est une terre presqu'entourée d'eau.

D. Qu'est-ce qu'un isthme ?

R. Un *isthme* est une portion de terre entre deux mers, qui unit un continent ou une presqu'île à la terre-ferme.

D. Qu'est-ce qu'un cap ?

R. Un *cap* ou *promontoire* est une pointe de terre élevée qui s'avance dans la mer.

D. Qu'entendez-vous par côte ?

R. J'entends par *côte* la partie de la terre qui est baignée par la mer.

D. Qu'est-ce qu'une montagne ?

R. Une *montagne* est une masse de terre ou de roche, qui s'élève sur la surface du globe.

D. Qu'est-ce qu'un archipel ?

R. Un *archipel* est une étendue de mer entrecoupée d'îles.

D. Qu'est-ce qu'un golfe ?

R. Un *golfe* est une avance considérable de mer dans la terre.

D. Qu'est-ce qu'une rade ?

R. Une *rade* est un endroit propre à jeter l'ancre, et où les vaisseaux sont à l'abri du vent.

D. Qu'est-ce qu'un détroit ?

R. Un *détroit* est une portion de mer resserrée entre deux terres.

D. Qu'est-ce qu'un lac ?

R. Un *lac* est une grande étendue d'eau douce et dormante qui ne tarit jamais, et qui n'a aucune communication avec la mer.

D. Qu'est-ce qu'une rivière ?

R. Une *rivière* est une eau de source qui coule

A 2

toujours, jusqu'à ce qu'elle se jette dans une autre rivière ou dans la mer, et dans ce dernier cas on l'appelle *fleuve*. *

D. En combien de parties divise-t-on la terre ?

R. En quatre parties : l'Europe, l'Asie, l'Afrique et l'Amérique. Les trois premières forment ce qu'on appelle l'ancien continent ; la dernière forme le nouveau, ainsi nommé, parce qu'il est moins anciennement connu. Suivant quelques géographes, la Nouvelle Hollande, qui est une grande île récemment découverte, et quelques îles plus petites forment une cinquième partie de la terre.

D. Combien distingue-t-on de sortes de mers ?

R. Deux sortes ; la mer extérieure et les mers intérieures.

D. Qu'est-ce que la mer extérieure ?

R. La mer extérieure est celle qui environne les continens. Elle se divise en quatre grandes mers ; savoir :

1.º L'Océan, qui est entre l'ancien et le nouveau continent, et dont la partie qui est à l'orient de l'Amérique a été nommée mer du Nord, lors de la découverte de cette partie du monde.

2.º La mer des Indes, à l'orient de l'Afrique et au midi de l'Asie.

3.º La grande mer, vulgairement appelée mer du Sud, entre l'Asie orientale et l'Amérique occidentale.

4.º La mer Glaciale arctique, au nord des deux continens.

D. Qu'est-ce que les mers intérieures ?

R. Les mers intérieures sont celles qui sont situées ou qui entrent dans les terres.

Les principales mers intérieures sont,

En Europe.

La mer Baltique.
La mer Méditerranée.

---

* La plupart de ces objets sont représentés dans la figure ci-contre.

Explication des principaux termes de Géographie.

L'EUROPE.

Long-temps ce pays fortuné n'eut aucune célébrité; on ignoroit en quelque sorte son existence, et on se persuadoit qu'elle n'étoit, comme l'Archipel, qu'une réunion d'îles : et lorsque la navigation apprit aux habitans des autres parties du monde que l'EUROPE étoit un continent moins considérable, il est vrai, que l'Afrique et l'Asie, mais dont la situation devoit être précieuse par la température du climat, ils la trouvèrent tellement couverte de bois et de marais, et ses habitans si féroces, qu'il eût été bien difficile alors de penser que ce seroit dans cette partie du monde que les sciences et les arts fixeroient leur empire. Depuis trois mille ans ils y règnent, et on distingue un Européen de tous les autres peuples de la terre, à son amour pour eux et à son urbanité. La Grèce fut le premier berceau des lettres et des arts ; elles passèrent avec la domination de la terre à Rome, furent conservées comme par miracle par les Arabes. Les Maures les reportèrent en Espagne, d'où elles s'exilèrent pour venir fixer leurs demeures immortelles en France. L'Europe renferme tout ce qui peut rendre la vie commode et agréable ; ses habitans sont les plus policés du monde et les plus spirituels; la religion chrétienne y domine, et c'est à son heureuse influence que l'on peut attribuer la douceur des mœurs des habitans de l'Europe.

En Asie.

La mer Rouge, entre l'Afrique et l'Asie.

La mer Caspienne.

Dans l'Amérique septentrionale.

La mer Christiane, ou baie d'Hudson.

Le golfe du Mexique entre l'Amérique septentrionale et l'Amérique méridionale.

CHAPITRE PREMIER.

DIVISION DE L'EUROPE.

D. Qu'est-ce que l'Europe ?

R. L'Europe est une des quatre parties du monde. C'est la plus petite quant à l'étendue ; mais elle est la plus considérable, tant par le nombre de ses habitans, que parce qu'elle est le centre des lumières, des arts, de la civilisation et du commerce.

D. Quelles sont les bornes de l'Europe ?

R. L'Europe est bornée, à l'Occident et au Nord, par l'Océan ; à l'Orient, par l'Asie, la mer d'Azof et la mer Noire ; et au Midi, par la mer Méditerranée qui la sépare de l'Afrique.

D. Comment se divise l'Europe ?

R. En quinze parties : quatre vers le nord, les îles Britanniques, les Etats de Danemarck, la Suède et la Russie ou Moscovie ; sept au milieu, la France, l'Italie, les Etats de la Confédération Germanique, la Suisse, l'Allemagne, l'empire d'Autriche, le royaume de Prusse ; quatre au midi, le Portugal, l'Espagne, le royaume de Naples et la Turquie d'Europe.

D. Combien y a-t-il de sortes de gouvernemens en Europe ?

R. Il y en a de trois sortes ; savoir : 1.º le démocratique ou représentatif ; 2.º le despotique ; 3.º le monarchique.

D. Qu'est-ce que le gouvernement démocratique ?

R. Le gouvernement démocratique est celui où le peuple nomme ses représentans et ses magistrats, comme la Suisse, dite autrement la république Helvétique.

D. Qu'est-ce que le gouvernement despotique ?

R. C'est celui où le souverain gouverne selon son caprice, sans s'embarrasser des lois, comme en Turquie et en Russie.

D. Qu'est-ce que le gouvernement monarchique ?

R. C'est celui où le souverain gouverne, mais d'après les lois, comme en France, en Espagne, en Portugal, etc.

ARTICLE PREMIER.

DE LA FRANCE.

D. Qu'est-ce que la France ?

R. Un royaume dont les limites sont : au nord, la Manche et le royaume des Pays-Bas ; à l'ouest, l'Océan atlantique ; au sud, l'Espagne et la Méditerranée ; à l'est, le Rhin, la Suisse et les Alpes.

D. Quel est le gouvernement de la France ?

R. Ce gouvernement est monarchique. C'est le plus ancien royaume de l'Europe. Le roi porte le titre de *Roi Très-Chrétien*. La France, après avoir été gouvernée par des rois pendant 1400 ans, s'étoit constituée en république au mois de septembre 1792 ; en 1804 la forme du gouvernement avoit changé de nouveau, et Napoléon Buonaparte avoit usurpé la couronne ; enfin une nouvelle révolution vient de rendre à la France ses anciens rois, sous lesquels elle a été si long-temps heureuse.

D. Quels sont les principaux corps de l'Etat ?

R. Les principaux corps de l'Etat sont la chambre des pairs, et la chambre des députés des départemens, qui, réunies avec le Roi, forment le pouvoir législatif ; le conseil d'état, la cour de cassation.

D. Comment la justice est-elle rendue en France ?

R. La justice est rendue par des cours royales, qui connoissent des matières civiles et des matières criminelles.

D. Combien y a-t-il de cours royales ?

R. Il y a vingt-sept cours royales, dont le siége est dans les villes suivantes : Agen, Aix, Ajacio, Amiens, Angers, Besançon, Bordeaux, Bourges,

Caen , Colmar , Dijon , Douai , Grenoble , Limoges , Lyon , Metz, Montpellier , Nanci , Nîmes , Orléans , Paris , Pau , Poitiers , Rennes , Riom , Rouen
et Toulouse. Chacune de ces cours a un ressort qui
s'étend sur plusieurs départemens.

D. Comment se rend la justice dans les départemens où ne siégent pas les cours royales ?

R. La justice y est rendue par des cours d'assises,
qui sont convoquées quand le besoin l'exige , et pré-
sidées par un membre de la cour royale.

D. N'y a-t-il pas d'autres tribunaux ?

R. Il y a encore des tribunaux de 1.re instance et
de commerce , et des justices de paix. Les premiers
connoissent des matières civiles ; il y en a un à-
peu-près dans chaque arrondissement de sous-pré-
fecture. Les seconds ont été institués pour le juge-
ment des affaires de commerce, tant de terre que
de mer ; enfin il y a dans chaque canton un juge
de paix , dont les fonctions sont entr'autres , de con-
cilier les parties , et de les inviter , en cas de non-
conciliation , à se faire juger par des arbitres.

D. Quels sont les principaux fleuves de la France?

R. Il y en a quatre principaux : la Seine , la
Loire , le Rhône , la Garonne.

D. Quel est le cours de la Seine ?

R. Elle a sa source près Saint-Seine , dans le département de la Côte-d'or, arrose les villes de Troyes,
Melun , Paris et Rouen , et a son embouchure près
du Hâvre-de-Grâce.

D. Quel est le cours de la Loire ?

R. Elle prend sa source dans le département de
l'Ardèche, passe à Roanne , où elle commence à por-
ter bateau , à Nevers , à Orléans , à Blois , à Tours,
à Saumur, à Nantes , et se jette dans l'Océan.

D. Quel est le cours du Rhône?

R. Il prend sa source au mont Saint-Gothard,
en Suisse, traverse le lac de Genève , passe à
Genève , à Lyon , où il reçoit la Saône , à Vienne,
à Valence , à Avignon , à Beaucaire , à Tarascon
et à Arles , et se jette dans la Méditerranée.

D. Quel est le cours de la Garonne ?

R. La Garonne prend sa source dans les Pyrénées, passe à Toulouse, à Agen, à Bordeaux, et après avoir reçu la Dordogne, elle prend le nom de Gironde, qu'elle conserve jusqu'à son embouchure dans l'Océan.

D. Quelles sont les plus hautes montagnes de la France ?

R. Les Alpes, qui la séparent de la Suisse ; les Pyrénées, qui la séparent de l'Espagne ; le Cantal, le Jura, les Vosges, etc., qui donnent leurs noms à divers départemens.

DIVISION DE LA FRANCE.

D. Comment divisoit-on la France en 1789 ?

R. On divisoit la France en trente-deux grands gouvernemens, dont huit au nord, treize dans le milieu et onze au midi. Il y avoit en outre huit petits gouvernemens qui ne renfermoient pour la plupart qu'une ville.

D. Nommez les huit grands gouvernemens du nord avec leurs capitales.

R. Les huit grands gouvernemens du nord étoient :

Provinces.	Capitales.	Provinces.	Capitales.
1. La Flandre française,	Lille.	5. L'Isle-de-France,	Paris.
2. L'Artois,	Arras.	6. La Champagne,	Troyes.
3. La Picardie,	Amiens.	7. La Lorraine,	Nanci.
4. La Normandie,	Rouen.	8. L'Alsace,	Strasbourg

D. Nommez les treize grands gouvernemens du milieu avec leurs capitales.

R. Les treize du milieu étoient :

1. La Bretagne,	Rennes.	8. La Bourgogne,	Dijon.
2. Le Maine,	Le Mans.	9. La Franche-Comté,	Besançon.
3. L'Anjou,	Angers.	10. Le Poitou,	Poitiers.
4. La Tourraine,	Tours.	11. L'Aunis,	La Rochelle.
5. L'Orléanais,	Orléans.	12. La Marche,	Guéret.
6. Le Berry,	Bourges.	13. Le Bourbonnais,	Moulins.
7. Le Nivernais,	Nevers.		

D. Nommez les onze grands gouvernemens du midi avec leurs capitales.

R. Les onze du midi étoient :

Provinces.	Capitales.	Provinces.	Capitales.
1. La Saintonge et l'Angoumois,	*Saintes.*	6. La Guyenne,	*Bordeaux.*
		7. Le Béarn,	*Pau.*
2. Le Limousin,	*Limoges.*	8. Le Comté de Foix,	*Foix.*
3. L'Auvergne,	*Clermont.*	9. Le Roussillon,	*Perpignan.*
4. Le Lyonnais,	*Lyon.*	10. Le Languedoc,	*Toulouse.*
5. Le Dauphiné,	*Grenoble.*	11. La Provence,	*Aix.*

Les huit petits gouvernemens étoient :

1. Paris, dans l'Isle-de-France.
2. Le Boulonnais, en Picardie.
3. Le Havre-de-Grâce, en Normandie.
4. Saumur avec le Saumurois, entre l'Anjou et le Poitou.
5. Metz et le Messin.
6. Verdun et le Verdunois. } en Lorraine.
7. Toul et le Toulois.
8. Sédan, entre la Lorraine et la Champagne.

D. La France ne possède-t-elle pas en outre des colonies hors de l'Europe?

R. Oui; elle en a dans les trois autres parties du monde : ces colonies avoient été prises en grande partie par les Anglais, qui les ont rendues au Roi de France, en vertu des traités de paix.

D. Nommez les colonies d'Amérique.

R. Saint-Domingue, la Martinique, la Guadeloupe, Cayenne. En 1825 Charles X, roi de France, a reconnu et proclamé l'indépendance de la première.

D. Nommez les colonies d'Afrique.

R. Gorée et le Sénégal, l'Isle de Bourbon.

D. Nommez les colonies d'Asie.

R. Pondichéry, Chandernagor.

On trouvera la description de ces colonies dans la partie du monde où elles sont situées.

D. Comment a-t-on divisé le territoire de la France?

R. Le territoire de la France est actuellement divisé en portions de territoire à-peu-près égales, qu'on nomme départemens. Chaque département se subdivise en arrondissemens de sous-préfectures; chaque arrondissement, en cantons ou justices de paix; chaque canton, en communes.

A 3

D. Combien y a-t-il de départemens dans le territoire français?

R. Il y en a quatre-vingt-six.

D. Comment sont-ils administrés?

R. L'administration de chaque département est confiée à un préfet, celle de chaque arrondissement à un sous-préfet; il y a pour chaque commune un maire, un ou plusieurs adjoints, un conseil municipal.

D. N'y a-t-il pas de plus grandes divisions?

R. Oui; les quatre-vingt-six départemens ont été distribués en divisions militaires, en cohortes de la légion-d'honneur. Il y a en outre, comme nous l'avons déjà dit, 27 cours royales, dont chacune a plusieurs départemens dans son ressort. Enfin, il y a des archevêchés et des évêchés, dont chacun a des portions de département, un département, ou même plusieurs départemens dans sa circonscription.

D. Qu'entendez-vous par bonnes villes?

R. Les bonnes villes sont celles dont les maires assistent au sacre du Roi.

D. Combien y a-t-il de bonnes villes?

R. Il y en a trente-huit; les voici par ordre alphabétique : Aix, Amiens, Angers, Antibes, Avignon, Besançon, Bordeaux, Bourges, Caen, Carcassonne, Cette, Clermont, Colmar, Dijon, Grenoble, La Rochelle, Lille, Lyon, Marseille, Metz, Montauban, Montpellier, Nanci, Nantes, Nîmes, Orléans, Paris, Pau, Rennes, Rheims, Rouen, Strasbourg, Toulon, Toulouse, Tours, Troyes, Versailles, Vesoul.

D. Nommez les quatre-vingt-six départemens, suivant leurs différentes situations.

R. Pour plus de facilité, je les divise en trois parties, celles du nord, du milieu, du midi.

Voici leurs noms, en commençant par la partie du nord.

La partie du nord contient les départemens suivans:

Nord.	Aisne.	Meurthe.	Côtes-du-Nord.
Pas-de-Calais.	Ardennes.	Bas-Rhin.	Orne.
Somme.	Moselle.	Manche.	Seine-et-Oise.
Seine-Inférieure.	Marne.	Calvados.	Seine.
Oise.	Meuse.	Eure.	Seine-et-Marne.

FRANCE
et
ÉTATS
VOISINS.

Monts Pirennées

ANGLETERRE — LA MANCHE — PAYS de BAS — ALLEMAGNE — SUISSE — SAVOYE — PIEMONT — ITALIE — MER ADRIATIQUE — ESPAGNE — MER MÉDITERRANÉE

...tte contrée justement célèbre est au premier ...parmi les états de l'Europe, elle est aussi la avantageusement située ; de quelque côté qu'on ...e ses regards, un vaste champ est ouvert aux ...ulations de ses négocians ; placée, d'un côté, ...e l'Angleterre, l'Espagne, l'Allemagne et l'Ita- ...elle peut facilement se procurer les marchan- ...s de ces divers pays et fournir les siennes pro- ...; d'un autre côté, l'Océan, la Méditerranée, ...nche, sur lesquels elle a des ports aussi nom- ...x que sûrs et commodes, la mettent à même ...rer de tous les pays du monde les productions ...son sol lui refuse, et d'exporter les objets de ...industrie.

...l'on considère ensuite que la France jouit d'un ...ur et sain, sous un ciel presque toujours beau, ...le est située dans un climat le plus tempéré de ...rope, également à l'abri et des chaleurs exces- ...s qui énervent l'homme et nuisent aux travaux, et

des froids rigoureux qui s'opposent à l'agriculture ; que son terroir enfin produit non-seulement tout ce qui est essentiel à la vie, mais encore tout ce qui la re..d commode ; on conviendra sans peine qu'il n'est po..nt de pays au monde plus favorisé de la nature.

La FRANCE est le plus ancien des royaumes de l'Europe. Elle fut d'abord habitée par les Gaulois et ..es Celtes, subjugée ensuite par les Romains, et ap..ès eux par les Francs, peuples d'Allemagne, qu.., après avoir fait plusieurs incursions dans les Gaules, d'où ils avoient toujours été repoussés, fo..cèrent enfin les Romains de traiter avec eux et de leur abandonner leurs conquêtes. Pharamond, qu.. l'on regarde comme le premier roi de la nation, commença à régner en 1418, dans le pays qu'on a depuis appelé le *Brabant*. Ses successeurs, Clodion et Mérouée, qui a donné son nom à la première race des rois de France, agrandirent peu-à-peu leurs états.

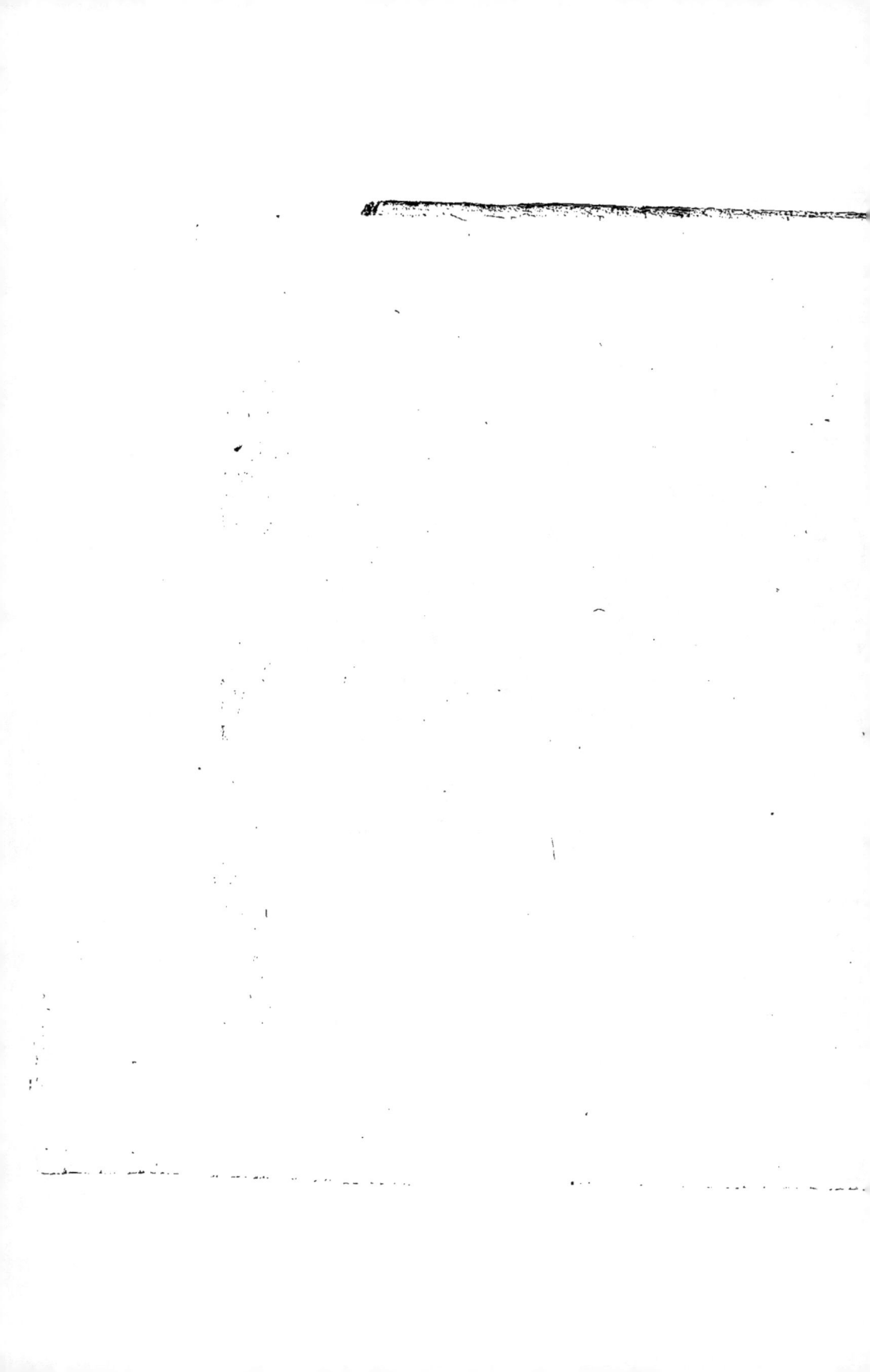

La partie du milieu contient les départemens suivans :

Finistère.	Eure-et-Loir.	Vosges.	Haute-Vienne.
Haute-Saône.	Loir-et-Cher.	Doubs.	Creuse.
Morbihan.	Loiret.	Haut-Rhin.	Allier.
Ille-et-Vilaine.	Cher.	Vendée.	Puy-de-Dôme.
Loire-Inférieure	Aube.	Deux-Sèvres.	Saône-et-Loire.
Mayenne.	Yonne.	Vienne.	Jura.
Maine-et-Loire.	Nièvre.	Charente-Infé.	Loire.
Sarthe.	Haute-Marne.	Charente.	Rhône.
Indre-et-Loire.	Côte-d'Or.	Indre.	Ain.

La partie du midi contient les départemens suivans :

Dordogne.	Lot-et-Gar.ne	Hérault.	Hautes-Pyr.
Corrèze.	Lot.	Gard.	Haute - Ga-
Cantal.	Aveyron.	Vaucluse.	ronne.
Haute-Loire.	Lozère.	Bouches-du-Rhôn.	Arriège.
Ardèche.	Landes.	Hautes-Alpes.	Aude.
Drôme.	Gers.	Basses-Alpes.	Pyrénées-
Isère.	Tarn-et-Gar.ne	Var.	Orientales.
Gironde.	Tarn.	Basses-Pyrénées.	Corse.

D. Faites la description du département de l'Ain.

R. 1. Le département de *l'Ain*, situé dans la partie du milieu, est borné par ceux de Saône-et-Loire, du Jura, de l'Isère et du Rhône; *Bourg* en est le chef-lieu.

D. Combien renferme-t-il d'arrondissemens de sous-préfectures?

R. Quatre, dont les chefs-lieux sont :

Bourg, chef-lieu de préfecture, trib. de première instance, à 43 myriamètres (97 lieues) de Paris.

Nantua, trib. de première inst.; *Bellay*, trib. de première inst. évêch.; *Trévoux*, trib. de première inst.

D. Que produit ce département?

R. Du bois, des grains, du maïs ou blé de Turquie : pop. 297,000 habitans. Il y a des étangs poissonneux.

D. De quelles provinces est-il formé ?

R. De la Bresse, du Bugey, du Valromey et de la principauté de Dombes.

Ce département est du diocèse de Bellay, est du ressort de la cour royale de Lyon : il est compris dans la sixième division militaire, et dans la septième cohorte de la légion d'honneur.

2. Le département de l'*Aisne* (1), situé dans la partie du nord, est borné par ceux du Nord, des Ardennes, de la Marne, de Seine-et-Marne, de l'Oise et de la Somme; il a 5 arrondissemens de sous-préfectures, dont les chefs-lieux sont :

Laon, chef-lieu de préfecture, tr. ass., à 13 myriamètres (33 lieues de Paris).

Soissons, sur l'Aisne, évêché, tr.

Château-Thierri, tr.

Saint-Quentin, place forte sur l'Oise, tr.

Vervins, tr.

Ce département produit beaucoup de grains et de fruits: population 542,237 habitans. (Il est formé du Soissonnais, du Beauvoisis et du Vexin français).

Ce département est du ressort de la cour royale d'Amiens : il est compris dans la première division militaire, et dans la seconde cohorte de la légion d'honneur.

3. Le département de l'*Allier*, situé dans la partie du milieu, est borné par ceux du Cher, de la Nièvre, de Saône-et-Loire, de la Loire, du Puy-de-Dôme et de la Creuse; il a 4 arrondissemens de sous-préfectures, dont les chefs-lieux sont :

Moulins, sur l'Allier, chef-lieu de préfect., collége royal, à 29 myriamètres (75 lieues) de Paris, tr. ass.

Montluçon, tr.

Gannat, tr.

La Palisse, tr.

Ce département est fertile en grains, en vins et en bois; on y fait commerce de bœufs, porcs et poissons; il y a des forges et des filatures de lin et chanvre: population 254,558 habitans. (Partie du Bourbonnais).

Il est du diocèse de Moulins, du ressort de la cour royale de Riom : il est compris dans la vingt-unième division militaire, et dans la septième cohorte de la légion d'honneur.

4. Le département des *Alpes (Basses)*, situé dans la partie du midi, est borné par le département des

(1) Les demandes étant les mêmes pour tous les départemens, nous avons cru inutile de les répéter. Les lettres tr. indiquent qu'il y a tribunal de première instance, et les lettres ass., que ce tribunal est chef-lieu de la cour d'assises du département.

Hautes-Alpes, par les Alpes et par les départemens du Var, de Vaucluse et de la Drôme ; il prend son nom des Alpes qui le séparent du Piémont et a 5 arrondissemens de sous-préfectures, dont les chefs-lieux sont :

Digne, chef-lieu de préfecture, évêché, tr. ass., à 75 myriamètres et demi (193 lieues) de Paris.

Barcelonnette, tr.

Castellane, tr.

Sisteron, tr.

Forcalquier, tr.

Ce département produit du blé, des fruits, et même du vin : popul. 144,440 habit. (Partie de la Provence).

Il est du ressort de la cour royale d'Aix ; il est compris dans la huitième division militaire, et dans la huitième cohorte de la légion d'honneur.

5. Le département des *Alpes (Hautes)*, situé dans la partie du midi, est borné par ceux de l'Isère, des Basses-Alpes et de la Drôme. Il a 3 arrondissemens de sous-préfectures, dont les chefs-lieux sont :

Gap, chef-lieu de préfecture, évêché, tr. ass., à 66 myriamètres et demi (169 lieues) de Paris.

Briançon, tr. *Embrun.* tr.

Ce département est fertile en bois et en pâturages, mais il produit peu de blé ; il y a quelques mines de fer, de cuivre et de plomb : population 121,523 habitans. (Partie du Dauphiné).

Il est du diocèse de Digne, du ressort de la cour royale de Grenoble ; il est compris dans la septième division militaire, et dans la huitième cohorte de la légion d'honneur.

6. Le département de l'*Ardèche*, situé dans la partie du midi, est borné par ceux de la Loire, de l'Isère, de la Drôme, du Gard, de la Lozère et de la Haute-Loire. Il a 3 arrondissemens de sous-préfectures, dont les chefs-lieux sont :

Privas, préfecture, tr. ass., à 61 myriamètres et demi (155 lieues) de Paris : populat. 3,000 habitans.

Tournon, fameux collége, dirigé autrefois par des Oratoriens, maintenant collége royal, tr.

L'Argentière, tr.

Ce département produit de bons vins : population

284,743 hab. (Partie du Languedoc et du Vivarais).

Il est du diocèse de Mende, et du ressort de la cour royale de Nîmes ; il est compris dans la neuvième division militaire, et dans la neuvième cohorte de la légion d'honneur.

7. Le département des *Ardennes*, situé dans la partie du nord, est borné par ceux de la Meuse, de la Marne et de l'Aisne. Il a 5 arrondissemens de sous-préfectures, dont les chefs-lieux sont :

Mézières, préfecture, tr., à 23 myriamètres et demi (59 lieues) de Paris : population 3,387 habitans.

Rocroy, tr.

Rethel, tr.

Sedan, renommée pour ses draps, tr.

Vouziers, tr.

Ce département est fertile en bois, en blé et en pâturages ; il y a des mines de fer ; on y fait commerce de clous et autres objets de ferronnerie : popul. 268,556 habitans. (Partie de la Champagne et pays adjacens).

Il est du diocèse de Metz, et du ressort de la cour royale de cette même ville ; il est compris dans la seconde division militaire, et dans la seconde cohorte de la légion d'honneur.

8. Le département de l'*Arriége*, situé dans la partie du midi, est borné par ceux de la Haute-Garonne, de l'Aude, des Pyrénées-Orientales, et par les Pyrénées. Il est divisé en 3 arrondissemens de sous-préfectures, dont les chefs-lieux sont :

Foix, préfecture, tr. ass., à 75 myriamètres et demi (193 lieues) de Paris : population 3,600 habitans.

Pamiers, évêché, tr., sur l'Arriège qui donne son nom à ce département.

Saint-Girons, tr.

Ce département ne produit guère que des pâturages et des mulets assez estimés : popul. 220,274 habitans. (Partie du Languedoc, Conserans et pays de Foix).

Il est du ressort de la cour royale de cette même ville ; il est compris dans la dixième division militaire, et dans la dixième cohorte de la légion d'honneur. Diocèse de Toulouse.

9. Le département de l'*Aube*, situé dans la partie du milieu, est borné par ceux de l'Aisne, de la Marne, de la Haute-Marne, de la Côte-d'Or, de l'Yonne et de

Seine-et-Marne. Il est divisé en 5 arrondissemens de sous-préfectures, dont les chefs-lieux sont :

Troyes, préfecture, évêché, tr. ass., à 16 myriamètres (40 lieues) de Paris : population 26,700 habitans. (Bonne ville.)

Arcis-sur-Aube, tr.

Bar-sur-Aube, tr.

Bar-sur-Seine, tr.

Nogent-sur-Seine, tr.

Ce département produit des grains et des vins. (Partie de la Champagne.)

Il est du ressort de la cour royale de Paris; il est compris dans la dix-huitième division militaire, et dans la première cohorte de la légion d'honneur.

10. Le département de l'*Aude*, situé dans la partie du midi, est borné par ceux du Tarn et de l'Hérault, par la Méditerranée, par les départemens des Pyrénées-Orientales, de l'Arriége et de la Haute-Garonne. Il est divisé en 4 arrondissemens de sous-préfectures, dont les chefs-lieux sont :

Carcassonne, préfecture, évêché, tr. ass., à 76 myriam. et demi (196 l.) de Paris : popul. 15,178 habit. (Bonne ville.)

Narbonne, tr.

Castelnaudary, tr.

Limoux, tr.

Ce département est fertile en grains, en vins, en olives et en mûriers. Il s'y fait un grand commerce : populat. 237,813 habitans. (Partie du Languedoc.)

Il est du ressort de la cour royale de Montpellier; il est compris dans la dixième division militaire, et dans la dixième cohorte de la légion d'honneur.

11. Le département de l'*Aveyron*, situé dans la partie du midi, est borné par ceux du Cantal, de la Lozère, du Gard, de l'Hérault, du Tarn, de Tarn-et-Garonne et du Lot. Il est divisé en 5 arrondissemens de sous-préfectures, dont les chefs-lieux sont :

Rodez, sur l'Aveyron, préf., évêché., tr. ass., collége royal, à 69 myr. (177 l.) de Paris: pop. 6,613 hab.

Espalion, tr. *Milhau*, tr.

Saint-Affrique, tr.

Villefranche, tr.

Ce département abonde en pâturages, en fruits et en bestiaux. On y trouve du fer, du cuivre rouge, du vitriol, du soufre, de l'alun et des marbres: population 243,856 habitans. (Le Rouergue.)

Il est du ressort de la cour royale de Montpellier; il est compris dans la neuvième division militaire, et dans la neuvième cohorte de la légion d'honneur.

12. Le département des *Bouches-du-Rhône*, situé dans la partie du midi, est borné par ceux du Gard, de Vaucluse et du Var, et par la Méditerranée. Il est divisé en 3 arrondissemens de sous-préfectures, dont les chefs-lieux sont:

Marseille, avec un très-beau port, préf., évêché, collége royal, tr., à 81 myriamètres (208 lieues) de Paris: population 102,217 habitans. (Bonne ville.)

Aix, archevêché, cour royale, tr.

Tarascon, tr.

Arles, tr.

Ce département produit l'olivier, le figuier, l'amandier, l'oranger, le citronier, le grenadier, etc. Il y a des fabriques de savon, des manufactures de tapisseries et des tanneries : on y travaille le corail : population 288,603 habitans. (Partie de la Provence.)

Il est compris dans la huitième division militaire, et dans la huitième cohorte de la légion d'honneur.

13. Le département du *Calvados*, situé dans la partie du nord, est borné par la Manche et par les départemens de l'Eure, de l'Orne et de la Manche. Il est divisé en 6 arrondissemens de sous-préfectures, dont les chefs-lieux sont:

Caen, préfecture, cour royale, collége royal, tr., à 26 myriamètres et demi (67 lieues) de Paris: population 35,638 habitans. (Bonne ville.)

Bayeux, évêché, tr.

Pont-l'Evêque, tr.

Lisieux, tr.

Falaise, tr. *Vire*, tr.

Ce département abonde surtout en pâturages; il

produit beaucoup de pommes : popul. 497,561 habit.
(Partie de la Normandie.)

Il est compris dans la quatorzième division militaire, et dans
la quatorzième cohorte de la légion d'honneur.

14. Le département du *Cantal*, situé dans la partie
du midi, est borné par ceux du Puy-de-Dôme, de la
Haute-Loire, de la Lozère, de l'Aveyron, du Lot et
de la Corrèze. Il est divisé en 4 arrondissemens de
sous-préfectures, dont les chefs-lieux sont :

Aurillac, préfecture, tr., à 54 myriamètres (133
lieues) de Paris : population 10,332 habitans.

Saint-Flour, évêché, tr. ass.

Mauriac, tr.

Murat, tr.

Ce département ne produit que du bétail et d'excellens pâturages; il est d'ailleurs fort pauvre : population 247,824 habitans. (Auvergne.)

Il est du ressort de la cour royale de Riom, est compris dans
la dix-neuvième division militaire, et dans la neuvième cohorte
de la légion d'honneur.

15. Le département de la *Charente*, situé dans la
partie du milieu, est borné par ceux des Deux-Sèvres,
de la Vienne, de la Haute-Vienne, de la Dordogne et
de la Charente-Inférieure. Il est divisé en 5 arrondissemens de sous-préfectures, dont les chefs-lieux sont:

Angoulême, préfecture, évêché, tr. ass., à 45 myr.
et demi (116 lieues) de Paris: pop. 14,744 habitans.

Ruffec, tr.

Confolens, tr.

Barbezieux, tr.

Cognac, sur la Charente, tr. Il s'y fait un commerce considérable d'eau-de-vie.

Ce département produit du grain, du vin, et beaucoup de gibier; on y fabrique de gros draps, des serges et du papier : il y a de fonderies de fer: population
319,667 habit. (Angoumois et partie de la Saintonge.)

Il est du ressort de la cour royale de Bordeaux, est compris
dans la vingtième division militaire, et dans la douzième cohorte
de la légion d'honneur.

16. Le département de la *Charente-Inférieure*,

situé dans la partie du milieu, est borné par ceux de la Vendée, des Deux-Sèvres, de la Charente, de la Dordogne, de la Gironde, et par l'Océan. Il est divisé en 6 arrond. de sous-préf., dont les chefs-lieux sont :

La Rochelle, préfecture, port de mer, évêché, tr., à 47 myriamètres (120 lieues) de Paris : population 18,346 habitans. (Bonne ville.)

Saintes, collège royal, tr. ass.

Rochefort, port célèbre par son arsenal, tr.

Saint-Jean-d'Angely, tr.

Jonsac, tr.

Marennes, tr.

Les îles de *Rhé* et d'*Oleron* sont vers les côtes de ce départem.; la première au nord et la seconde au sud.

Ce département produit du vin, du chanvre et du lin ; il s'y fait un grand commerce d'eau-de-vie: popul. 393,011 habitans. (L'Aunis et partie de la Saintonge.)

Il est du ressort de la cour royale de Poitiers, est compris dans la douzième division militaire, et dans la douzième cohorte de la légion d'honneur.

17. Le département du *Cher*, situé dans la partie du milieu, est borné par ceux du Loiret, de la Nièvre, de l'Allier, de l'Indre, d'Indre-et-Loire. Il est divisé en 3 arrond. de sous-préf., dont les chefs-lieux sont :

Bourges, préfecture, archevêché, cour royale, collège royal, tr., à 23 myriamètres et demi (59 lieues) de Paris : population 16,352 habitans. (Bonne ville.)

Sancerre, tr.

Saint-Amand, tr.

Ce département produit du chanvre, du lin, des bestiaux, du bois, des châtaigniers : population 220,721 habitans. (Partie du Berry.)

Il est compris dans la vingt-unième division militaire, et dans la quinzième cohorte de la légion d'honneur.

18. Le département de la *Corrèze*, situé dans la partie du midi, est borné par ceux de la Haute-Vienne, de la Creuse, du Puy-de-Dôme, du Cantal, du Lot et de la Dordogne. Il est divisé en 3 arrondissemens de sous-préfectures, dont les chefs-lieux sont :

Tulle, préfecture, évêché, tr. ass., à 46 myriam.

(118 lieues) de Paris : population 9,051 habitans.

Ussel, tr.

Brives, tr.

Ce département produit du vin, du marbre, de l'ardoise : populat. 250,384 habit. (Partie du Limousin.)

Il est du ressort de la cour royale de cette même ville : il est compris dans la vingtième division militaire, et dans la onzième cohorte de la légion d'honneur.

19. Le département de la *Corse* est formé de l'île de ce nom, situé dans la mer Méditerranée. Il est divisé en 5 arrondissemens de sous-préfectures, dont voici les chefs-lieux :

Ajaccio, préfecture, évêché, cour royale, tr. : population 6,845 habitans.

Sartene, tr.

Bastia, tr.

Calvi, tr.

Corté, tr.

L'air, dans ce département, est grossier et malsain, le terroir plein de montagnes, peu fertile et mal cultivé : cependant il produit du blé, du vin, des fruits et des amandes. (L'île de Corse.)

Ce département est compris dans la vingt-troisième division militaire, et dans la huitième cohorte de la légion d'honneur.

20. Le département de la *Côte-d'Or*, situé dans la partie du milieu, est borné par ceux de l'Aube, de la Haute-Marne, de la Haute-Saône, du Jura, de Saône-et-Loire, de la Nièvre et de l'Yonne. Il est divisé en 4 arrondissemens de sous-préf, dont les chefs-lieux sont :

Dijon, préfecture, évêché, cour royale, collége royal, tr., à 30 myriamètres et demi (78 lieues) de Paris : population 21,612 habitans. (Bonne ville.)

Chatillon, tr.

Beaune, d'où l'on tire de très-bon vin, tr.

Sémur, tr.

Ce département produit d'excellent vin, des grains, des fruits ; on y trouve des mines de fer. (Partie de la Bourgogne.)

Il est compris dans le diocèse d'Autun, dans la dix-huitième division militaire, et dans la sixième cohorte de la légion d'honneur.

21. Le département des *Côtes-du-Nord*, situé dans la partie du nord, est borné par l'Océan et par les départemens d'Ille-et-Vilaine, du Morbihan et du Finistère. Il est divisé en 5 arrondissemens de sous-préfectures, dont les chefs-lieux sont :

Saint-Brieuc, préfecture, évêché, tr. ass., à 44 myriam. et demi (114 lieues) de Paris : pop. 8,750 hab.

Lannion, tr.

Dinan, tr.

Loudéac, tr.

Guingamp, tr.

Ce département est fertile en grains, chanvre, lin, miel, et en excellens pâturages : population 509,232 habitans. (Partie de la Bretagne.)

Il est du ressort de la cour royale de Rennes : il est compris dans la treizième division militaire, et dans la treizième cohorte de la légion d'honneur.

22. Le département de la *Creuse*, situé dans la partie du milieu, est borné par ceux de l'Indre, de l'Allier, du Puy-de-Dôme, de la Corrèze et de la Haute-Vienne. Il est divisé en 4 arrondissemens de sous-préfectures, dont les chefs-lieux sont :

Guéret, préfecture, tr. ass., à 43 myriamètres (110 lieues) de Paris : population 3,358 habitans.

Boussac, le tr. de prem. instance est à Chambon.

Bourganeuf, tr.

Aubusson, célèbre par ses manufactures de tapisseries, tr.

Cambon, tr.

Ce département est peu fertile ; on n'y trouve que de bons pâturages : populat. 220,407 habit. (Haute-Manche et pays circonvoisins.)

Il fait partie du diocèse de Limoges, et est du ressort de la cour royale de cette ville ; il est compris dans la vingt-unième division militaire, et dans la quinzième cohorte de la légion d'honneur.

23. Le département de la *Dordogne*, situé dans la partie du midi, est borné par les départemens de la

Charente, de la Haute-Vienne, de la Corrèze, du Lot, de Lot-et-Garonne, de la Gironde et de la Charente Inférieure. Il est divisé en 5 arrondissemens de sous-préfectures, dont les chefs-lieux sont:

Périgueux, préfecture, tr. ass., à 47 myriamètres un quart (121 lieues) de Paris: popul. 5,733 habit.

Nontron, tr.

Sarlat, tr.

Bergerac, tr.

Riberac, tr.

Ce département a des mines de fer et de cuivre, et produit d'assez bons vins; on y trouve des châtaignes, des noix, et des truffes qui sont fort estimées. (Périgord.)

Il est du diocèse d'Angoulème, et du ressort de la cour royale de Bordeaux; il est compris dans la vingtième division militaire et dans la onzième cohorte de la légion d'honneur.

24. Le département du *Doubs*, situé dans la partie du milieu, est borné par ceux de la Haute-Saône, du Haut-Rhin, par la Suisse et le département du Jura. Il est divisé en 4 arrondissemens de sous-préfectures, dont les chefs-lieux sont:

Besançon, préfecture, archevêché, cour royale, collége royal, tr., à 39 myriamètres et demi (101 l.) de Paris : population 28,172 habitans. (Bonne ville.)

Beaume, tr.

Montbéliard, tr.

Pontarlier, tr.

Ce département est peu fertile en grains; il produit des bois de bonne qualité; il y a des mines de fer et des forges. (La Franche-Comté.)

Il est compris dans la sixième division militaire, et dans la sixième cohorte de la légion d'honneur.

25. Le département de la *Drôme*, situé dans la partie du midi, est borné par ceux de l'Isère, des Hautes-Alpes, des Basses-Alpes, de Vaucluse et de l'Ardèche. Il est divisé en 4 arrondissemens de sous-préfectures, dont les chefs-lieux sont:

Valence, sur le Rhône, préfecture, évêché, tr. ass., à 56 myriam. (144 lieues) de Paris: pop. 8,057 hab.

Die, tr.

Nions, tr.

Montélimart, tr.

Ce département produit des grains et de bons pâturages; on y fabrique des serges et des ratines; il y a des manufactures de savon. (Partie du Dauphiné.)

Il est du ressort de la cour royale de Grenoble; il est compris dans la septième division militaire, et dans la huitième cohorte de la légion d'honneur.

26. Le département de l'*Eure*, situé dans la partie du nord, est borné par ceux de la Seine-Inférieure, de l'Oise, de Seine-et-Oise, d'Eure-et-Loir, de l'Orne et du Calvados. Il est divisé en 5 arrondissemens de sous-préfectures, dont les chefs-lieux sont :

Evreux, préfecture, évêché, tr. ass., à 10 myriamètres et demi (26 lieues) de Paris : popul. 9,238 habit.

Pont-Audemer, tr.

Louviers, célèbre par ses manufactures de draps, tr.

Les Andelys, tr.

Bernay, tr.

Ce département abonde en grains, en bois et en fruits, en poires et en pommes; on y fait un grand commerce : popul. 414,401 habit. (Partie de la Normandie.)

Il est du ressort de la cour royale de Rouen, est compris dans la quinzième division militaire, et dans la quatorzième cohorte de la légion d'honneur.

27. Le département d'*Eure-et-Loir*, situé dans la partie du milieu, est borné par ceux de l'Eure, de Seine-et-Oise, du Loiret, du Loir-et-Cher, de la Sarthe et de l'Orne. Il est divisé en 4 arrondissemens de sous-préfectures, dont les chefs-lieux sont:

Chartres, sur l'Eure, préfecture, tr. ass., à 9 myriam. un quart (24 lieues) de Paris : pop. 13,000 hab.

Nogent-le-Rotrou, tr.

Chateaudun, sur le Loir, tr.

Dreux, tr.

Ce département est fertile en grains, en pâturages et en fruits; on y fait commerce de bestiaux : population 259,898 habitans. (Le pays Chartrain.)

Il fait partie du diocèse de Versailles, et est du ressort de la

cour royale de Paris : il est compris dans la première division militaire, et dans la quatorzième cohorte de la légion d'honneur.

28. Le département du *Finistère*, situé dans la
partie du milieu, est borné par l'Océan, et par le
département des Côtes-du-Nord et du Morbihan. Il
est divisé en 5 arrondissemens de sous-préfectures,
dont les chefs-lieux sont :

Quimper, préfecture, évêché, tr. ass., à 62 myriamètres un quart (159 lieues) de Paris: pop. 6,640 hab.

Brest, port de mer, célèbre par son arsenal, tr.

Morlaix, tr.

Chateaulin, tr.

Quimperlé, tr.

Ce département produit du blé, du lin, du chanvre
et des légumes, des ardoises et du plomb : population
446,895 habitans. (Partie de la Bretagne.)

Il est du ressort de la cour royale de Rennes, est compris
dans la treizième division militaire, et dans la treizième cohorte
de la légion d'honneur.

29. Le département du *Gard*, situé dans la partie
du midi, est borné par ceux de la Lozère, de l'Ardèche, de Vaucluse, des Bouches-du-Rhône, la mer Méditerranée, les départemens de l'Hérault et de l'Avey-
non. Il est divisé en 4 arrondissemens de sous-préfectures, dont les chefs-lieux sont :

Nîmes, préfecture, évêché, cour royale, collége
royal, tr., à 70 myriamètres un quart (180 lieues)
de Paris : population 38,955 habitans. (Bonne ville.)

Alais, tr.

Uzès, tr.

Le Vigan, tr.

Ce département produit des oliviers en abondance,
on y fait des huiles; on y recueille aussi de bons vins :
population 315,778 habitans. (Partie du Languedoc.)

Il est compris dans la neuvième division militaire, et dans la
neuvième cohorte de la légion d'honneur.

30. Le département de la *Haute-Garonne*, situé
dans la partie du midi, est borné par ceux de Tarn-
et-Garonne, Tarn, Aude, Arriége, les Pyrénées, les

départemens des Hautes-Pyrénées et du Gers. Il est divisé en 4 arrondissemens de sous-préfectures, dont les chefs-lieux sont :

Toulouse, sur la Garonne, préf., archevêché, cour royale, collége royal, tr., à 67 myriamètres (172 lieues) de Paris : populat. 48,170 habit. (Bonne ville.)

Villefranche, tr.

Muret, tr.

Saint-Gaudens, tr.

Ce département produit des grains, des vins et de bons pâturages; il s'y fait commerce de draperies, de couvertures de laine, merceries, etc.: population 366,716 habitans. (Partie du Languedoc.)

Il est compris dans la dixième division militaire, et dans la dixième cohorte de la légion d'honneur.

31. Le département du *Gers*, situé dans la partie du midi, est borné par ceux de Lot-et-Garonne, Tarn-et-Garonne, Haute-Garonne, Hautes-Pyrénées, Basses-Pyrénées, Landes. Il est divisé en 5 arrondissemens de sous-préfectures, dont les chefs-lieux sont:

Auch, préfecture, évêché, tr. ass., à 74 myriamètres (190 lieues) de Paris: population 8,798 habitans.

Condom, tr.

Lectoure, tr.

Lombès, tr.

Mirande, tr.

Ce département produit de beaux fruits et d'assez bons vins; on y fabrique de bonnes eaux-de-vie: population 282,014 habitans. (Partie de la Guyenne.

Il est du ressort de la cour royale de cette même ville; il est compris dans la dixième division militaire, et dans la deuxième cohorte de la légion d'honneur.

32. Le département de la *Gironde*, situé dans la partie du midi, est borné par ceux de la Charente-Inférieure, de la Dordogne, du Lot-et-Garonne et des Landes. Il est divisé en 6 arrondissemens de sous-préfectures, dont les chefs-lieux sont:

Bordeaux, sur la Garonne, avec un bon port, préfecture, archevêché, cour royale, collége royal, tr., à 57 myriamètres et demi (147 lieues) de Paris:

population, 92,374 habitans. (Bonne ville.)

Blaye, tr.

Libourne, tr.

La Réole, sur la Garonne, tr.

Bazas, tr.

Lespare, tr.

Ce département est fertile en grains, en fruits et en bons vins ; il s'y fabrique d'excellentes liqueurs : population 506,244 habitans. (Partie de la Guyenne.)

Il est compris dans la onzième division militaire, et dans la onzième cohorte de la légion d'honneur.

33. Le département de l'*Hérault*, situé dans la partie du midi, est borné par ceux de l'Aveyron et du Gard, par la mer Méditerranée, par les départemens de l'Aude et du Tarn. Il est divisé en 4 arrondissem. de sous-préfectures, dont les chefs-lieux sont :

Montpellier, préfecture, évêché, cour royale, collége royal, tr., à 75 myriamètres un quart (193 lieues) de Paris : pop. 32,814 hab. (Bonne ville.)

Lodève, tr.

Béziers, tr. *Saint-Pons*, tr.

Cette, port de mer. (Bonne ville.)

Ce département est fertile en grains et en fruits : la vigne, les oliviers, les mûriers y viennent bien ; on y fait un grand commerce d'eau-de-vie, bestiaux, laines, huiles, soieries, etc. : popul. 296,450 habitans. (Partie du Languedoc.)

Il est compris dans la neuvième division militaire, et dans la neuvième cohorte de la légion d'honneur.

34. Le département d'*Ille-et-Vilaine*, situé dans la partie du milieu, est borné par la mer, et par les départemens de la Manche, de Mayenne, de la Loire-Inférieure, du Morbihan et des Côtes-du-Nord. Il est divisé en six arrondissemens de sous-préfectures, dont les chefs-lieux sont :

Rennes, préfecture, évêché, cour royale, collége royal, tr., à 34 myriamètres deux tiers (88 lieues) de Paris : population 28,600 habitans. (Bonne ville.)

Saint-Malo, port de mer, tr.

Fougères, tr.

Abr. de Géogr.   B

Vitré , tr.

Redon , tr.

Monfort , tr.

Ce département produit du lin , du chanvre , de bons pâturages , des légumes et du fruit ; on en tire d'excellent beurre : population 5o1,668 habitans. (Partie de la Bretagne.)

Il est compris dans la treizième division militaire , et dans la treizième cohorte de la légion d'honneur.

35. Le département de l'*Indre* , situé dans la partie du milieu , est borné par ceux d'Indre-et-Loire , de Loir-et-Cher , du Cher , de la Creuze , de la Haute-Vienne et de la Vienne. Il est divisé en 4 arrondissemens de sous-préfectures , dont les chefs-lieux sont :

Châteauroux , préfecture , tr. ass. , à 26 myriamètres (64 lieues) de Paris : popul. 8,423 habitans.

Issoudun , tr.

La Châtre , tr.

Le Blanc , tr.

Il y a dans ce département d'excellentes prairies et beaucoup de bois : population 2o1,533 habitans. (Partie du Berry.)

Il fait partie du diocèse de Bourges , et est du ressort de la cour royale de cette même ville; il est compris dans la vingt-unième division militaire , et dans la quinzième cohorte de la légion d'honneur.

36. Le département d'*Indre-et-Loire* , situé dans la partie du milieu , est borné par ceux de la Sarthe , de Loir-et-Cher , de l'Indre , de la Vienne et de Maine-et-Loire. Il est divisé en 3 arrondissemens de sous-préfectures , dont les chefs-lieux sont :

Tours , préfecture , archevêché , tr. ass. à 24 myriamètres un quart (62 lieues) de Paris : population 21,700 habitans. (Bonne ville.)

Loches , tr.

Chinon , tr.

Ce département est fertile en blé , en vin , legumes , pâturages , fruits , miel , gomme , huiles, etc. : population 270,106 habitans. (La Tourraine.)

Il est du ressort de la cour royale d'Orléans; il est compris dans la vingt-denxième division-militaire, et dans la quinzième cohorte de la légion d'honneur.

37. Le département de l'*Isère*, situé dans la partie du midi, est borné par ceux de l'Ain, des Hautes-Alpes, de la Drôme, de l'Ardèche, de la Loire et du Rhône. Il est divisé en 4 arrondissemens de sous-préfectures, dont les chefs-lieux sont :

Grenoble, sur l'Isère, préfecture, évêché, cour royale, collége royal, tr., à 56 myr. 3 quarts (145 lieues) de Paris : popul. 21,350 hab. (Bonne ville.)

Vienne, sur le Rhône, tr.

Saint-Marcelin, tr.

La Tour-du-Pin ; le tr. est à *Bourgoin.*

Ce département produit du bois, du fer, du charbon de terre, d'excellens vins : population 462,266 habitans. (Partie du Dauphiné.)

Il est compris dans la septième division militaire, et dans la septième cohorte de la légion d'honnenr.

38. Le département du *Jura*, situé dans la partie du milieu, est borné par ceux de la Haute-Saône et du Doubs, par la Suisse, par les départemens de l'Ain, de Saône-et-Loire et de la Côte-d'Or. Il est divisé en 4 arrondissemens de sous-préfectures, dont les chefs-lieux sont :

Lons-le-Saulnier, préfecture, tr. ass., à 41 myriam. (105 lieues) de Paris : popul. 7,074 habitans.

Dôle, tr. *Saint-Claude*, tr.

Poligny ; le tr. est à *Arbois.*

Ce département produit du blé, des vins, des fruits, des légumes, du maïs ou blé de Turquie : populat. 292,883 habitans. (Partie de la Franche-Comté.)

Il fait partie du diocèse de Besançon, et est du ressort de la cour royale de cette ville ; il est compris dans la sixième division militaire, et dans la sixième cohorte de la légion d'honneur.

39. Le département des *Landes*, situé dans la partie du midi, est borné par ceux de la Gironde, de Lot-et-Garonne, du Gers, des Basses-Pyrénées et par la mer. Il est divisé en 3 arrondissemens de sous-préfectures, dont les chefs-lieux sont :

B 2

Mont-de-Marsan, préfecture, tr. , à 70 myria-mètres un quart (180 lieues) de Paris.

Saint-Sever, tr.

Dax, tr.

Ce département produit, dans quelques endroits, du grain et du vin : on y trouve aussi des sapins et des chênes ; sur la côte il ne présente absolument que des sables, des pins et des bruyères : population 234,782 habitans. (Partie de la Guyenne.)

Il fait partie du diocèse de Bayonne, et est du ressort de la cour royale de Pau : il est compris dans la onzième division militaire et dans la onzième cohorte de la légion d'honneur.

40. Le département de *Loir-et-Cher*, situé dans la partie du milieu, est borné par ceux d'Eure-et-Loir, du Loiret, du Cher, de l'Indre et d'Indre-et-Loire. Il est divisé en 3 arrondissemens de sous-préfectures, dont les chefs-lieux sont :

Blois, sur la Loire, préf., évêc., tr. ass., à 18 my-riamètres (46 lieues) de Paris : pop. 13,054 habit.

Vendôme, sur le Loir, fameux collége, dirigé par des Oratoriens ; collége royal, tr.

Romorantin, tr.

Ce département fait commerce de ganterie, bon-neterie, coutellerie, etc. ; population 208,200 habit. (Partie de l'Orléanais, le Blaisois.)

Il fait partie du diocèse d'Orléans, et est du ressort de la cour royale de cette ville : il est compris dans la vingt-deuxiè-me division militaire, et dans la quinzième cohorte de la légion d'honneur.

41. Le département de la *Loire*, situé dans la partie du milieu, est borné par ceux de l'Allier, de Saône-et-Loire, du Rhône, de l'Isère, de l'Ardèche, de la Haute-Loire et du Puy-de-Dôme. Il est divisé en 3 arrondis. de sous-préfect. dont les chefs-lieux sont :

Mont-Brison, préfecture, tr. ass., à 44 myriam. un tiers (113 lieues) de Paris : population 5,218 hab.

Roanne, sur la *Loire*, tr.

Saint-Etienne, tr.

Ce département produit du blé et du vin : popu-lation 310,754 habitans. (Le Forez.)

Il fait partie du diocèse de Lyon et est du ressort de la cour royale de cette même ville; il est compris dans la dix-neuvième division militaire, et dans la septième cohorte de la légion d'honneur.

42. Le département de la *Haute-Loire*, situé dans la partie du midi, est borné par ceux du Puy-de-Dôme, de la Loire, de l'Ardèche, de la Lozère et du Cantal. Il est divisé en 3 arrondissemens de sous-préfectures, dont les chefs-lieux sont :

Le Puy, préfecture, tr. ass. à 50 myriamètres et demi (129 lieues) de Paris : population 12,000 hab.

Brioude , tr.

Yssingeaux , tr.

Ce département produit des pâturages et du bois : on en tire ces beaux marrons, connus sous le nom de marrons de Lyon : popul. 263,565 hab. (Le Vélai.)

Il fait partie du diocèse de Saint-Flour, et est du ressort de la cour royale de Riom; il est compris dans la dix-neuvième division militaire, et dans la septième cohorte de la légion d'honneur.

43. Le département de la *Loire-Inférieure*, situé dans la partie du milieu, est borné par ceux du Morbihan, d'Ille-et-Vilaine, de Maine-et-Loire, de la Vendée, et par l'Océan. Il est divisé en 5 arrondissem. de sous-préfect., dont les chefs-lieux sont :

Nantes, sur la Loire, port, préfecture, évêché, collège royal, tr. ass., à 39 myriamètres (99 lieues) de Paris : population 75,000 habitans. (Bonne ville.)

Savenay, tr.

Châteaubriant , tr.

Ancenis , tr.

Paimbœuf , tr.

Ce département produit du charbon de terre minéral ou fossile ; on y fabrique des cotonnades, des basins, des coutils, des serges, etc. : pop. 394,790 habitans. (Partie de la Bretagne.)

Il est du ressort de la cour royale de Rennes : Il est compris dans la douzième division militaire, et dans la douzième cohorte de la légion d'honneur.

44. Le département du *Loiret* , situé dans la partie du milieu, est borné par ceux d'Eure-et-Loir,

Seine-et-Oise, Seine-et-Marne, Yonne, Nièvre, Cher, Loir-et-Cher. Il est divisé en 4 arrondissemens de sous-préfectures, dont les chefs-lieux sont :

Orléans, sur la Loire, préfecture, évêché, cour royale, collége royal, tr. à 12 myriamètres un tiers (31 lieues) de Paris : pop. 41,948 hab. (Bonne ville.)

Pithiviers, tr.

Montargis, célèbre par ses manufactures de papiers, tr.

Gien, tr.

Ce département est fertile en grains, en fruits, en safran : population 280,000 habitans. (Partie de l'Orléanais et Gâtinois.)

Il est compris dans la première division militaire, et dans la quinzième cohorte de la légion d'honneur.

45. Le département du *Lot*, situé dans la partie du midi, est borné par ceux de la Dordogne, de la Corrèze, du Cantal, de l'Aveyron, du Tarn-et-Garonne et de Lot-et-Garonne. Il est divisé en 3 arrond. de sous-préfectures, dont les chefs-lieux sont :

Cahors, sur le Lot, préfecture, évêché, collége royal, tr. ass., à 56 myriamètres (145 lieues) de Paris : population 11,446 habitans.

Figeac, tr.

Gourdon, tr.

Ce département est fertile en blé, en vins et en fruits : population : 261,347 habitans. (Le Quercy.)

Il est du ressort de la cour royale d'Agen : il est compris dans la vingtième division militaire, et dans la onzième cohorte de la légion d'honneur.

46. Le département de *Lot-et-Garonne*, situé dans la partie du midi, est borné par ceux de la Dordogne, du Lot, de Tarn-et-Garonne, des Landes et de la Gironde. Il est divisé en 4 arrondissemens de sous-préfectures, dont les chefs-lieux sont :

Agen, préfecture, évêché, cour royale, collége royal, tr., à 71 myriam. et demi (183 lieues) de Paris.

Marmande, tr.

Nérac, tr.

Villeneuve-d'Agen, tr.

Ce département produit du blé, du vin et des fruits : pop. 320,327 hab. (L'Agénois et partie de la Guyenne.)

Il est compris dans la vingtième division militaire et dans la onzième cohorte de la légion d'honneur.

47. Le département de la *Lozère*, situé dans la partie du midi, est borné par ceux du Cantal, de la Haute-Loire, de l'Ardèche, du Gard et de l'Avey-ron. Il est divisé en 3 arrondissemens de sous-préfectures, dont les chefs-lieux sont :

Mende, préfecture, évêché, tr. ass., à 56 myriam. et demi (145 lieues) de Paris : pop. 5,750 habitans.

Marvejols, tr.

Florac, tr.

Ce département est montueux, froid et peu fertile : population 141,322 habitans. (Partie du Languedoc.)

Il est du ressort de la cour royale de Nîmes ; il est compris dans la neuvième division militaire, et dans la neuvième cohorte de la légion d'honneur.

48. Le département de *Maine-et-Loire*, situé dans la partie du milieu, est borné par ceux de la Mayenne, de la Sarthe, d'Indre-et-Loire, de la Vienne, des Deux-Sèvres, de la Vendée et de la Loire-Inférieure. Il est divisé en 5 arrondissemens de sous-préfectures dont les chefs-lieux sont :

Angers, préfecture, évêché, cour royale, collége royal, tr., à 30 myriamètres (76 lieues) de Paris : population 28,937 habitans. (Bonne ville.)

Segré, tr.

Beaugé, tr.

Saumur, tr.

Beaupréau, tr.

Ce département produit du grain, du vin, du chanvre, du lin, du bois, des fruits ; il s'y fait un grand commerce de bestiaux et d'ardoises : population 401,223 habitans. (L'Anjou et le Saumurois.)

Il est compris dans la vingt-deuxième division militaire, et dans la treizième cohorte de la légion d'honneur.

49. Le département de la *Manche*, situé dans la partie du nord, est borné par la mer, et par les départemens du Calvados, de l'Orne, de la Mayenne

et d'Ille-et-Vilaine. Il est divisé en 6 arrondissem. de sous-préfectures, dont les chefs-lieux sont :

Saint-Lô, port de mer, préfecture, tr., à 32 myriamètres et demi (83 lieues) de Paris : pop. 7,387 hab.

Coutance, évêché, tr.

Valognes, tr.

Cherbourg, port de mer, tr.

Mortain, tr.

Avranches, tr.

Ce département produit beaucoup de pâturages; on y récolte aussi du grain et des légumes . population 566,726 habitans. (Partie de la Normandie.)

Il est du ressort de la cour royale de Caen : il est compris dans la quatorzième division militaire, et dans la quatorzième cohorte de la légion d'honneur.

50. Le département de la *Marne*, situé dans la partie du nord, est borné par ceux de l'Aisne, des Ardennes, de la Meuse, de la Haute-Marne, de l'Aube et de Seine-et-Marne. Il est divisé en 5 arrondissemens de sous-préfectures, dont les chefs-lieux sont :

Chalons, sur la Marne, préf., évêc., tr., à 16 myr. et demi (42 lieues) de Paris : popul. 10,784 habitants.

Reims, collége royal, tr. (Bonne ville.)

Sainte-Menehould, tr.

Vitry-sur-Marne, tr.

Epernay, tr.

Ce département produit une grande quantité d'excellens vins. Le pain-d'épice et les biscuits de Reims sont très-estimés : popul. du département 303,132 habitans. (Partie de la Champagne.)

Il est du ressort de la cour royale de Paris : il est compris dans la deuxième division militaire, et dans la première cohorte de la légion d'honneur.

51. Le département de la *Haute-Marne*, situé dans la partie du milieu, est borné par ceux de la Marne, de la Meuse, des Vosges, de la Haute-Saône, de la Côte-d'Or et de l'Aube. Il est divisé en 3 arrond. de sous-préf. dont les chefs-lieux sont :

Chaumont, préfecture, tr. ass., à 25 myriamètres (63 lieues) de Paris : population 5,872 habitans.

Vassy, tr.

Langres, collége royal , tr.

Ce département est fertile en grains; il produit aussi de fort bons vins: population 231,455 habitans. (Partie de la Champagne.)

Il fait partie du diocèse de Dijon , et est du ressort de la cour royale de cette même ville : il est compris dans la dix-huitième division militaire , et dans la cinquième cohorte de la légion d'honueur.

52. Le département de la *Mayenne* , situé dans la partie du milieu , est borné par ceux de la Manche, de l'Orne, de la Sarthe, de Maine-et-Loire et d'Ille-et-Vilaine. Il est divisé en 3 arrondissemens de sous-préfectures , dont les chefs-lieux sont :

Laval , préfecture, tr. ass., à 28 myriamètres (72 lieues) de Paris : population 15,000 habitans.

Mayenne , tr.

Château-Gontier , tr.

Ce département produit des grains, du lin, du chanvre: pop. 330,000 hab. (Partie du Maine et de l'Anjou.)

Il fait partie du diocèse du Mans, et est du ressort de la cour royale d'Angers; il est compris dans la vingt-deuxième division militaire, et dans la treizième cohorte de la légion d'honneur.

53. Le département de la *Meurthe* , situé dans la partie du Nord, est borné par ceux du Bas-Rhin , des Vosges et de la Meuse. Il est divisé en 5 arrondissemens de sous-préfectures , dont les chefs-lieux sont :

Nancy , préfecture, évéché , cour royale , collége royal, tr. , à 33 myriamètres et demi (85 lieues) de Paris : population 29,628 habitans. (Bonne ville.)

Toul , tr.

Château-Salins , tr.

Sarrebourg , tr.

Lunéville , tr.

Ce département est fertile en blé, en vin, en lin et en chanvre: pop. 355,535 hab. (Partie de la Lorraine.)

Il est compris dans la quatrième division militaire, et dans la cinquième cohorte de la légion d'honneur.

54. Le département de la *Meuse* , situé dans la partie du nord, est borné par ceux des Ardennes, de

B 3

la Meurthe , des Vosges , de la Haute-Marne et de la Marne. Il est divisé en 4 arrondissemens de sous-préfectures , dont les chefs-lieux sont :

Bar-sur-Ornain , préfecture, tr., à 25 myriamètres (64 lieues) de Paris : population 9,800 habitans.

Verdun , tr.

Montmédy , tr.

Commercy ; le tr. est à *Saint-Mihiel.*

Ce département produit , comme le précédent , du vin , du blé et du lin : population 276,600 habitans. (Le Barroy, partie de la Lorraine.)

Il fait partie du diocèse de Nancy, et est du ressort de la cour royale de cette même ville : il est compris dans la deuxième division militaire, et dans la cinquième cohorte de la légion d'honneur.

55. Le département du *Morbihan* , situé dans la partie du milieu , est borné par les départemens du Finistère , des Côtes-du-Nord , d'Ille-et-Vilaine ; de la Loire-Inférieure et par l'Océan. Il est divisé en 4 arrond. de sous-préf. , dont les chefs-lieux sont :

Vannes , préfecture , évêché , tr. ass., à 50 myriamètres (128 lieues) de Paris : popul. 10,605 habitans.

Ploermel , tr.

Lorient , port de mer , tr.

Pontivy , collége royal , tr.

Ce département produit du blé et des bestiaux ; on en tire d'excellent beurre : population 393,368. (Partie de la Bretagne.)

Il est du ressort de la cour royale de Rennes ; il est compris dans la treizième division militaire , et dans la treizième cohorte de la légion d'honneur.

56. Le département de la *Moselle* , situé dans la partie du nord , est borné par ceux du Bas-Rhin , de la Meurthe et de la Meuse. Il est divisé en 4 arrondissemens de sous-préfec., dont les chefs-lieux sont :

Metz , sur la Moselle, ville forte, préfecture, évêché , cour royale, collége royal , tr. , à 31 myriam. (79 lieues) de Paris : pop. 37,272 hab. (Bonne ville.)

Briey , tr.

Thionville , tr.

Sarreguemines , tr.

Ce département produit du blé , de l'orge , du lin et du vin : population 376,261 habitans. (Partie de la Lorraine et les Trois-Evêchés.)

Il est compris dans la troisième division militaire, et dans la cinquième cohorte de la légion d'honneur.

57. Le département de la *Nièvre* , situé dans la partie du milieu, est borné par ceux du Loiret, de l'Yonne , de la Côte-d'Or , de Saône-et-Loire , de l'Allier et du Cher. Il est divisé en 4 arrondissemens de sous-préfectures , dont les chefs-lieux sont :

Nevers , au confluent de l'Allier avec la Loire ; préfecture, tr. ass., à 23 myriamèt. et demi (60 lieues) de Paris : population 11,878 habitans.

Cosne , tr.

Clamecy, tr.

Château-Chinon , tr.

Ce département produit du blé , des vins , du bois, du charbon de terre , etc. ; on y trouve des mines de fer , et même des mines d'argent : population 236,958 habitans. (Le Nivernais.)

Il fait partie du diocèse d'Autun , et est du ressort de la cour royale de Bourges : il est compris dans la vingt-unième division militaire , et dans la sixième cohorte de la légion d'honneur.

58. Le département du *Nord* , situé dans la partie du nord , est borné par la mer et par les départemens de l'Aisne et du Pas-de-Calais. Il est divisé en 6 arrond. de sous-préfectures , dont les chefs-lieux sont :

Lille , place forte, préfecture , collége royal, tr. ; à 23 myriamètres et demi (60 lieues) de Paris : population 59,724 habitans. (Bonne ville.)

Douay, place forte, cour royale, collége royal, tr.

Cambray , évêché , tr.

Dunkerque , tr.

Avesnes , tr.

Hazebrouck , tr.

Ce département est fertile en blé, houblon , lin , chanvre , légumes et colza : population 820,522 habitans. (Partie de la Flandre , le Hainaut.)

Il est compris dans la seizième division militaire, et dans la deuxième cohorte de la légion d'honneur.

59. Le département de *l'Oise*, situé dans la partie du nord, est borné par ceux de la Somme, de l'Aisne, de Seine-et-Marne, de Seine-et-Oise, de l'Eure et de la Seine-Inférieure. Il est divisé en 4 arrondissemens de sous-préfectures, dont les chefs-lieux sont :

Beauvais, préfecture, tr. ass., à 8 myriamètres 3 quarts (22 lieues) de Paris : population 12,791 hab.

Clermont, tr.

Compiègne, tr.

Senlis, tr.

Ce département produit du blé, du chanvre, du lin, des légumes, du bois, des pommes ; on en tire des volailles, des bestiaux et de la laine : pop. 372,130 hab. (Partie de l'Ile-de-France, le Beauvaisis, etc.)

Il fait partie du diocèse d'Amiens, et est du ressort de la cour royale de cette même ville : il est compris dans la première division militaire, et dans la première cohorte de la légion d'honneur.

60. Le département de *l'Orne*, situé dans la partie du nord, est borné par ceux du Calvados, de l'Eure, d'Eure-et-Loir, de la Sarthe, de la Mayenne et de la Manche. Il est divisé en 4 arrondissemens de sous-préfectures, dont les chefs-lieux sont :

Alençon, préfecture, tr. ass., à 19 myriamètres un quart (49 lieues) de Paris : populat. 13,234 habit.

Domfront, tr.

Argentan, tr.

Mortagne, tr.

Séez, évêché.

Ce département produit d'excellens pâturages ; les dentelles, dites points d'Alençon, sont très-estimées : population du département 405,767 habitans. (Partie de la Normandie, et partie septentrionale du Perche.)

Il est du ressort de la cour royale de Caen ; il est compris dans la quatorzième division militaire et dans la quatorzième cohorte de la légion d'honneur.

61. Le département du *Pas-de-Calais*, situé dans la partie du nord, est borné par la mer et par les dé-

partemens du Nord et de la Somme. Il est divisé en 6
arrond. de sous-préfect., dont les chef-lieux sont :

Arras, sur la Scarpe, préfecture, évêché, tr. :
population 18,872 habitans.

Boulogne, port de mer, tr.

Saint-Omer, place forte, sur l'Aa, col. royal. tr.

Montreuil, port de mer, tr.

Béthune, tr.

Saint-Pol, tr.

Ce département produit du blé, du chanvre, du
lin, du colza, des pâturages : population 559,984
habitans. (L'Artois, etc.)

Il est du ressort de la cour royale de Douai : il est compris
dans la seizième division militaire, et dans la deuxième cohorte de la légion d'honneur.

62. Le département du *Puy-de-Dôme*, situé dans
la partie du milieu, est borné par ceux de l'Allier,
de la Loire, de la Haute-Loire, du Cantal, de la
Corrèze et de la Creuze. Il est divisé en 5 arrondissemens de sous-préfectures, dont les chefs-lieux sont :

Clermont-Ferrant, préfecture, évêché, collége
royal, tr., à 33 myriamètres et demi (98 lieues) de
Paris : population 30,379 habitans. (Bonne ville.)

Riom, cour royale, tr.

Thiers, tr.

Ambert, tr.

Issoire, tr.

Ce département produit des pâturages, du beurre,
des fromages et des plantes aromatiques : population
533,722 habitans. (Partie de l'Auvergne.)

Il est compris dans la dix-neuvième division militaire, et
dans la septième cohorte de la légion d'honneur.

63. Le département des *Basses-Pyrénées*, situé
dans la partie du midi, est borné par les départemens
des Landes, du Gers, des Hautes-Pyrénées, par
les Monts-Pyrénées et par la mer. Il est divisé en 5
arrond. de sous-préfectures, dont les chefs-lieux sont :

Pau, préfecture, cour royale, collége royal, tr.,
à 78 myr. un quart (200 l.) de Paris : pop. 9,000 h.

Baïonne, port de mer, évêché, tr.

Oléron , tr.

Orthès , tr.

Mauléon , tr.

Ce départ. produit du vin , du millet , de l'avoine, des fruits. Les jambons de Baïonne sont très-estimés: population 379,223 habit. (Le Béarn , la Navarre.)

Il est compris dans la onzième division militaire , et dans la dixième cohorte de la légion d'honneur.

64. Le département des *Hautes-Pyrénées* , situé dans la partie du midi , est borné par ceux des Basses-Pyrénées, du Gers, de la Haute-Garonne et par les Monts-Pyrénées. Il est divisé en 3 arrond. de sous-préfectures , dont les chefs-lieux sont :

Tarbes , préfecture, tr. ass. , à 81 myriamètres et demi (208 lieues) de Paris : popul. 7,939 habitans.

Bagnères , tr.

Argelès , tr.

Ce département produit du seigle , du millet et du blé d'Espagne ; on y trouve des mines de fer , de plomb , de cuivre ; il fournit d'excellens chevaux : les eaux minérales de Bagnères et de Barège y attirent beaucoup de monde : population 196,466 habitans. (Le Bigorre , les Quatre-Vallées.)

Il fait partie du diocèse de Baïonne , et est du ressort de la cour royale de Pau : il est compris dans la dixième division militaire , et dans la dixième cohorte de la légion d'honneur.

65. Le département des *Pyrénées-Orientales* , situé dans la partie du midi , est borné par ceux de l'Arriège et de l'Aude , par la mer Méditerranée , et par les Monts-Pyrénées. Il est divisé en 3 arrondissemens de sous-préfectures , dont les chefs-lieux sont :

Perpignan, préfecture, tr. ass., à 89 myriamètres (227 lieues) de Paris : population 12,500 habitans.

Céret , tr.

Prades , tr.

Ce département n'est fertile qu'en vins et en pâturages : p. 125,230 h. (Le Roussillon , la Cerdagne.)

Il fait partie du diocèse de Carcassonne, et est du ressort de la cour royale de Montpellier : il est compris dans la dixième division militaire , et dans la dixième cohorte de la légion d'honneur.

66. Le département du *Bas-Rhin*, situé dans la partie du nord, est borné par le Rhin, par les départemens du Haut-Rhin, des Vosges, de la Meurthe et de la Moselle. Il est divisé en 4 arrondissemens de sous-préfectures, dont les chefs-lieux sont :

Strasbourg, ville très-forte, sur l'Ille, près du Rhin, évêché, préfecture, collége royal, tr. ass., à 46 myriamètres et demi (119 lieues) de Paris : population 49,900 habitans. (Bonne ville.)

Wissembourg, ville forte, tr.

Saverne, tr.

Schelestat, tr.

Ce département produit du vin très-estimé, du chanvre, du tabac; on y trouve des mines de plomb, de cuivre et d'argent : population 488,660 habitans. (Partie de l'Alsace.)

Il est du ressort de la cour royale de Colmar : il est compris dans la cinquième division militaire, et dans la cinquième cohorte de la légion d'honneur.

67. Le département du *Haut-Rhin*, situé dans la partie du milieu, est borné par le département du Bas-Rhin, par le Rhin, la Suisse, les départemens du Doubs, de la Haute-Saône, et des Vosges. Il est divisé en 3 arrondissemens de sous-préfectures, dont les chefs-lieux sont :

Colmar, préfecture, cour royale, collége royal, tr., à 48 myriamètres un quart (123 lieues) de Paris : population 14,115 habitans.

Altkirch, tr.

Béfort, tr.

Ce département produit du fer, du vin, du blé et de la garance : pop. 404,018 hab. (Part. de l'Alsace.)

Il fait partie du diocèse de Strasbourg : il est compris dans la cinquième division militaire, et dans la cinquième cohorte de la légion d'honneur.

68. Le départ. du *Rhône*, situé dans la partie du milieu, est borné par ceux de Saône-et-Loire, de l'Ain, de l'Isère et de la Loire. Il est divisé en 2 arrond. de sous-préfectures, dont les chefs-lieux sont :

Lyon, préfecture, archevêché, cour royale,

collége royal , tr. , à 47 myriamètres (119 lieues)
de Paris : population 100,000 habit. (Bonne ville.)
Villefranche , tr.

Ce département produit de bon blé , du vin et
des fruits ; les manufactures de soieries y sont un
grand objet de commerce : population 335,113 habitans. (Lyonnais , Baujolais.)

Il est compris dans la dix-neuvième division militaire, et
dans la septième cohorte de la légion d'honneur.

69. Le département de la *Haute-Saône*, situé dans
la partie du milieu , est borné par ceux de la Haute-
Marne , des Vosges , du Haut-Rhin , du Doubs , du
Jura et de la Côte-d'Or. Il est divisé en 3 arrondis.
de sous-préfectures , dont les chefs-lieux sont :

Vesoul , préfecture , tr. ass. , à 35 myriamètres
et demi (90 lieues) de Paris : popul. 5,448 habitans.

Gray , tr.

Lure , tr.

Ce département produit du blé , du vin , des
fruits , des légumes , des pâturages , etc. : population
292,122 habitans. (Partie de la Franche-Comté.)

Il fait partie du diocèse de Besançon, et est du ressort de la
cour royale de cette même ville : il est compris dans la sixième division militaire, et dans la sixième cohorte de la légion
d'honneur.

70. Le département de *Saône-et-Loire*, situé dans
la partie du milieu , est borné par ceux de la Nièvre , de la Côte-d'Or , du Jura , de l'Ain , du Rhône,
de la Loire et de l'Allier. Il est divisé en 5 arrond.
de sous-préfectures , dont les chefs-lieux sont :

Macon , sur la Saône , préfecture , tr., à 40 myriamèt. (102 lieues) de Paris : pop. 10,438 habitans.

Autun , évêché , collége royal , tr.

Chálons-sur-Saône , tr.

Charolles , tr.

Louhans , tr.

Ce département produit tout ce qui est nécessaire
à la vie, et surtout d'excellent vin : population
463,782 habitans. (Partie de la Bourgogne.)

Il est du ressort de la cour royale de Dijon : il est compris

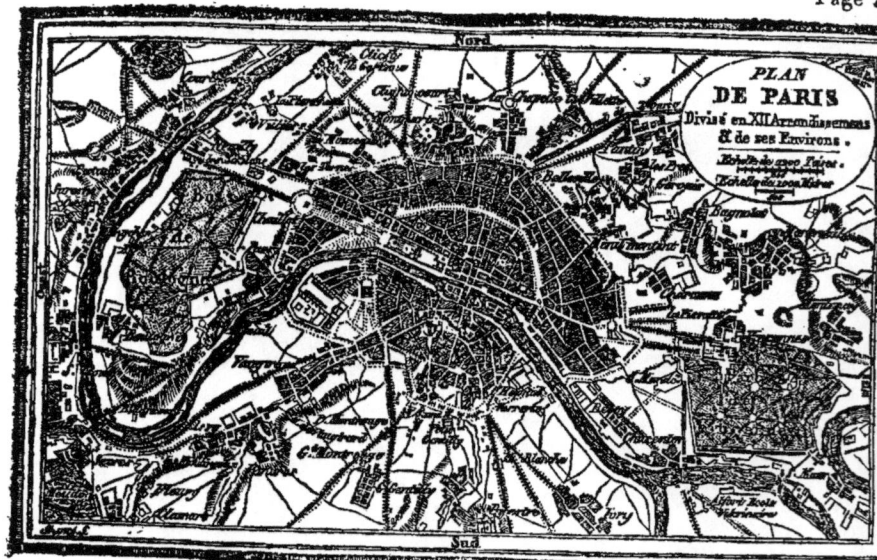

PLAN
DE PARIS
Divisé en XII Arrondissemens
& de ses Environs.

PARIS est une des plus grandes villes, des plus belles et des plus peuplées de l'Univers. Elle est bien supérieure maintenant à ce qu'elle étoit, lorsque Charles-Quint disoit : qu'en la voyant il avoit vu un monde. La Seine la divise en trois parties ; la ville au nord, la cité dans le milieu, et le quartier qu'on appelle l'*Université*, au sud. Paris étoit déjà célèbre sous Jules-César, qui soumit les Gaules environ 50 ans avant l'ère chrétienne.

On compte dans cette ville 700,000 habitans, 40,000 maisons, 5 superbes palais, qui sont celui des Tuileries, où le Roi réside, le palais du Louvre, qui semble ne faire qu'un seul édifice avec celui des Tuileries, auquel il est joint par une longue galerie qui renferme la plus riche collection de tableaux qu'on ait jamais vu dans le monde ; le Palais-Royal, le palais du Luxembourg, où siège la chambre des Pairs, et le palais Bourbon ; 9 jardins et promenades publiques, un grand nombre d'hôtels magnifiques, plusieurs quais très-beaux le long de la Seine, plusieurs

places, dont quelques-unes sont très-vastes, et étc ornées de statues excellentes ; les fontaines publi y sont en grand nombre. Il s'y trouve plusieurs p magnifiques : les autres monumens qui décorent sont l'hôtel des Invalides, le palais de Justice, l'h des Monnoies, l'école de Chirurgie, l'ancienne F Militaire, les colonnades de la place Louis XVI portes Saint-Denis et Saint-Martin, et la Hall blé, remarquable par la coupole qui attire l'atten des voyageurs. On y trouve encore le jardin Plantes, vaste local où l'on voit réunies presque tc les plantes connues, avec une ménagerie et un sup cabinet d'histoire naturelle, un Muséum de monum Français, où l'on a recueilli un très-grand nor de tombeaux, statues, et autres monumens qui d roient les édifices et les églises de plusieurs ville France. Il y a un Observatoire dont le méridien le premier pour les géographes Français, et un O servatoire de musique.

dans la dix-huitième division militaire, et dans la sixième cohorte de la légion d'honneur.

71. Le département de la *Sarthe*, situé dans la partie du milieu, est borné par ceux de la Mayenne, de l'Orne, d'Eure-et-Loir, de Loir-et-Cher, d'Indre-et-Loire et de Maine-et-Loire. Il est divisé en 4 arr. de sous-préfect., dont les chefs-lieux sont :

Le Mans, évêché, préfecture, collége royal, tr. ass., à 21 myriamètres un quart (54 lieues de Paris : population 18,533 habitans.

Mamers, tr.

Saint-Calais, tr.

La Flèche, école royale militaire très-célèbre.

Ce départ. produit du blé, du chanvre, des pâturages ; les volailles du Mans sont fort estimées : pop. 404,847 habitans. (Partie de l'Anjou, le Maine.)

Il est du ressort de la cour royale d'Angers : il est compris dans la vingt-deuxième division militaire, et dans la quinzième cohorte de la légion d'honneur.

72. Le département de la *Seine*, situé dans la partie du nord, est enclavé dans celui de Seine-et-Oise. Il est divisé en 3 arrondissemens de sous-préfectures, dont les chefs-lieux sont :

PARIS, capitale de la France, siége du gouvernement, archevêché, préfecture, cour de cassation, cour royale, cour d'assises, tr., colléges royaux : pop. 700,000 habit. (Bonne ville.)

Saint-Denis, sépulture de la famille royale.

Sceaux.

Ce département fait un commerce considérable en tout genre : les environs de Paris sont délicieux, et répondent à la magnificence de cette ville : popul. du départ. 789,800 hab. (Partie de l'Isle-de-France.)

Il est compris dans la première division militaire, et dans la première cohorte de la légion d'honneur.

73. Le département de la *Seine-Inférieure*, situé dans la partie du nord, est borné par la mer et par les départemens de la Somme, de l'Oise et de l'Eure. Il est divisé en 5 arrondissemens de sous-préfectures, dont les chefs-lieux sont

Rouen, préfecture, archevêché, cour royale, collége royal, tr., à 14 myriamètres (35 lieues) de Paris : popul. 81,008 habitans. (Bonne ville.)

Le Havre, port de mer, tr.

Dieppe, port de mer, tr.

Yvetot, tr.

Neufchâtel, tr.

Ce département fournit abondamment du blé, du lin, du colza, des pommes et des poires, dont on fait de fort bons cidres et poirés : les fromages dits de Neufchâtel sont fort estimés. Le commerce y est très-considérable : population 625,521 habitans. (Partie de la Normandie.)

Il est compris dans la quinzième division militaire, et dans la quatorzième cohorte de la légion d'honneur.

74. Le département de *Seine-et-Marne*, situé dans la partie du nord, est borné par ceux de l'Oise, de la Marne, de l'Aube, de l'Yonne, du Loiret et de Seine-et-Oise. Il est divisé en 5 arrondissemens de sous-préfectures, dont les chefs-lieux sont :

Melun, sur la Seine, préfecture, tr. ass., à 4 myriamètres (11 lieues) de Paris : popul. 6,680 habit.

Meaux, évêché, tr.

Fontainebleau, château royal, tr.

Coulommiers, tr.

Provins, tr.

Juilly, collége royal.

Ce département est fertile en blé, en pâturages, et même en vin d'une médiocre qualité ; ses forêts approvisionnent Paris de bois et de charbons : population 295,613 habitans. (La Brie et le Gâtinais.)

Il est du ressort de la cour royale de Paris : il est compris dans la première division militaire, dont le chef-lieu est à Paris, et dans la première cohorte de la légion d'honneur.

75. Le département de *Seine-et-Oise*, situé dans la partie du nord, est borné par ceux de l'Oise, de Seine-et-Marne, du Loiret, d'Eure-et-Loir et de l'Eure : il entoure de toutes parts le département de la Seine, et est divisé en 6 arrondissemens de sous-préfectures, dont les chefs-lieux sont :

Versailles , préfecture , évêché , collége royal , tr. ass. , à 2 myriamètres (5 lieues) de Paris : population 26,037 habitans. (Bonne ville.)

Mantes , tr.

Pontoise , tr.

Rambouillet , tr.

Corbeil , tr.

Etampes , tr.

Ce département abonde en blé , grains , vin et bois ; le château et le parc y attirent un grand concours d'étrangers : population 419,980 habitans. (Partie de l'Isle-de-France.)

Il est du ressort de la cour royale de Paris : Il est compris dans la première division militaire, et dans la première cohorte de la légion d'honneur.

76. Le département des *Deux-Sèvres* , situé dans la partie du milieu , est borné par ceux de Maine-et-Loire , de la Vienne, de la Charente , de la Charente-Inférieure et de la Vendée. Il est divisé en 4 arrond. de sous-préfectures, dont les chefs-lieux sont :

Niort, préfecture, collége royal , tr. ass. , à 41 myriam. et demi (106 l.) de Paris : pop. 14,516 habit.

Melle , tr.

Partenay, tr.

Bressuire , tr.

Ce département produit du seigle , de l'avoine , des graines grasses , des fèves et du bois ; on y élève des bestiaux , et l'on y commerce en laine : population 250,633 habitans. (Partie du Poitou.)

Il fait partie du diocèse de Poitiers, et est du ressort de la cour royale de cette même ville : il est compris dans la douzième division militaire, et dans la douzième cohorte de la légion d'honneur.

77. Le département de la *Somme* , situé dans la partie du nord , est borné par ceux du Pas-de-Calais , de l'Aisne , de l'Oise, de la Seine-Inférieure et par la mer. Il est divisé en 5 arrondissemens de sous-préfectures , dont les chefs-lieux sont :

Amiens , sur la Somme , évêché , préfecture , cour royale , collége royal , tr. , à 13 myriam. (33 lieues) de Paris : pop. 39,344 hab. (Bonne ville.)

Abbeville , tr.
Doulens , tr.
Péronne , tr.
Montdidier , tr.

Ce départem. produit du blé , du chanvre , du lin, des légumes , du colza ; il s'y fait un grand commerce d'épiceries : p. 486,313 h. (P. de la Picardie.)

Il est compris dans la quinzième division militaire, et dans la seconde cohorte de la légion d'honneur.

78. Le département du *Tarn* , situé dans la partie du midi , est borné par ceux de Tarn-et-Garonne , de l'Aveyron , de l'Hérault , de l'Aude et de la Haute-Garonne. Il est divisé en 4 arrondissemens de sous-préfectures , dont les chefs-lieux sont :

Alby , sur le Tarn , préfect., arch., tr. ass., à 65 myr. et demi (168 l.) de Paris : pop. 9,800 habitans.

Castres , tr.
Gaillac , tr.
Lavaur , tr.
Sorrèze , collége royal.

Ce département est fertile en vins et en grains ; il produit du lin , du chanvre , du pastel , du safran : on y fabrique des toiles , des futaines , des ratines , des flanelles et des tricots : population 291,194 habitans. (Partie du Languedoc.)

Il fait partie du diocèse de Montpellier , et est du ressort de la cour royale de Toulouse : il est compris dans la neuvième div. militaire, et dans la neuvième cohorte de la légion d'honneur.

79. Le département de *Tarn-et-Garonne* , situé dans la partie du midi , est borné par ceux de Lot-et-Garonne , du Lot , de l'Aveyron , du Tarn , de la Haute-Garonne et du Gers. Il est divisé en 3 arrond. de sous-préfect. , dont les chefs-lieux sont :

Montauban , évêché, préfecture, tr. ass., à 70 myriamètres deux tiers (170 lieues) de Paris : population 24,591 habitans. (Bonne ville.)

Moissac , tr.
Castel-Sarrasin , tr.

Ce département produit du blé et du vin : population 233,059 habitans. (Partie du Languedoc.)

Il est du ressort de la cour royale de Toulouse : il est compris dans la dixième division militaire, et dans la dixième cohorte de la légion d'honneur.

80. Le départ. du *Var*, situé dans la partie du midi, est borné par ceux des Bouches-du-Rhône, de Vaucluse, des Basses-Alpes, par le comté de Nice et par la mer méditerranée. Il est divisé en 4 arr. de sous-préfectures, dont les chefs-lieux sont :

Draguignan, préfecture, tr. ass., à 89 myriamètres (222 lieues) de Paris : population 7,862 hab.

Toulon, port de mer, préfecture maritime, tr.

Brignoles, tr.

Grasse, tr., renommée par ses parfumeries.

Fréjus, évêché.

Ce département produit de bons vins, des figues, des olives, des oranges, des citrons, etc., population, 277,930 habitans. (Partie de la Provence.)

Il fait partie du diocèse d'Aix, et est du ressort de la cour royale de cette même ville : il est compris dans la huitième divis. militaire, et dans la huitième cohorte de la légion d'honneur.

81. Le département de *Vaucluse*, situé dans la partie du midi, est borné par ceux de la Drôme, des Basses-Alpes, du Var, des Bouches-du-Rhône et du Gard. Il est divisé en 4 arrondissemens de sous-préfectures, dont les chefs-lieux sont :

Avignon, sur le Rhône, préfecture, archevêché, collége royal, tr. à 71 myriamètres (181 lieues) de Paris : population 28,000 habitans. (Bonne ville.)

Carpentras, tr. *Orange*, tr.

Apt, tr., ville fort ancienne.

Ce département produit de bons vins, on y cultive les mûriers, les oliviers et la garance : population 202,216 habit. (Le comtat Venaissin, Orange.)

Il est du ressort de la cour royale de Nîmes : il est compris dans la huitième division militaire, et dans la huitième cohorte de la légion d'honneur.

82. Le départ. de la *Vendée*, situé dans la partie du milieu, est borné par ceux de la Loire-Inférieure, de Maine-et-Loire, des Deux-Sèvres, de la Charente-Inférieure et par l'Océan. Il est divisé en 3

arrond. de sous-préfect. , dont les chefs-lieux sont :

Bourbon-Vendée , préfecture , tr. ass. , à 47 myriamètres (118 lieues) de Paris.

Fontenay , tr.

Les Sables d'Olonnes , tr.

Ce département produit du blé , on y élève des chevaux et des mulets : population 266,851 habitans. (Partie du Poitou.)

Il fait partie du diocèse de la Rochelle, et est du ressort de la cour roy. de Poitiers : il est compris dans la douzième division militaire, et dans la douzième cohorte de la légion d'honneur.

83. Le département de la *Vienne* , situé dans la partie du milieu , est borné par ceux de Maine-et-Loire , d'Indre-et-Loire , de l'Indre , de la Haute-Vienne , de la Charente et des Deux-Sèvres. Il est divisé en 5 arrondissemens de sous-préfectures , dont les chefs-lieux sont :

Poitiers , préfecture , évêché , cour royale , collége royal , tr., à 34 myriamèt. un tiers (88 lieues) de Paris : population 21,124 habitans.

Loudun , tr.

Chatellerault , tr.

Montmorillon , tr.

Civray , tr.

Ce département produit du bois , du blé , du vin , du lin , du chanvre , des fruits et du miel : population 248,580 habitans. (Partie du Poitou.)

Il est compris dans la douzième division militaire, et dans la douzième cohorte de la légion d'honneur.

84. Le départ. de la *Haute-Vienne* , situé dans la partie du milieu , est borné par ceux de la Vienne , de l'Indre, de la Creuze , de la Corrèze, de la Dordogne et de la Charente. Il est divisé en 4 arrond. de sous-préfectures, dont les chefs-lieux sont :

Limoges , sur la Vienne , préfecture , évêché cour royale , collége royal , tr., à 38 myriamètres (97 lieues) de Paris : population 21,025 habitans.

Belliac , tr.

Saint-Yrieix , tr.

Rochechouart , tr.

Ce département produit du seigle, de l'avoine, des châtaignes, du bois et des pâturages ; on y élève des chevaux : population 236,255 habitans. (Partie du Poitou et du Limousin.)

Il est compris dans la vingt-unième division militaire, et dans la quinzième cohorte de la légion d'honneur.

85. Le départ. des *Vosges*, situé dans la partie du milieu, est borné par ceux de la Meuse, de la Meurthe, du Bas-Rhin, du Haut-Rhin, de la Haute-Saône et de la Haute-Marne. Il est divisé en 5 arrondissem. de sous-préfect., dont les chefs-lieux sont :

Epinal, préfecture, collége royal, tr. ass., à 38 myr. un quart (97 L) de Paris : pop. 7,520 hab.

Neufchateau, tr.

Mirecourt, tr.

Saint-Dié, tr.

Remiremont, tr.

Ce département produit du blé et du vin ; il y a des mines de fer, de plomb et même d'argent : populat. 235,883 h. (P. de la Lorraine, des Trois-Evêchés.)

Il fait partie du diocèse de Nancy, et est du ressort de la cour royale de cette même ville : il est compris dans la quatrième div. militaire, et dans la cinquième cohorte de la légion d'honneur.

86. Le département de l'*Yonne*, situé dans la partie du milieu, est borné par ceux de Seine-et-Marne, de l'Aube, de la Côte-d'Or, de la Nièvre et du Loiret. Il est divisé en 5 arrondissemens de sous-préfectures, dont les chefs-lieux sont :

Auxerre, préfecture, tr. ass., à 17 myriamètres (43 lieues) de Paris : population 11,300 habitans.

Sens, tr.

Joigny, tr.

Tonnerre, tr.

Avallon, tr.

Ce département est fertile en blé, avoine, chanvre et bois ; il produit d'excellent vin : population 318,584 habitans. (Partie de la Bourgogne.)

Il fait partie du diocèse de Troyes, et est du ressort de la cour royale de Paris : il est compris dans la dix-huitième divis. militaire, et dans la sixième cohorte de la légion d'honneur.

ARTICLE DEUXIÈME.

DE L'ITALIE.

D. Qu'est-ce que l'Italie ?

R. L'Italie est une grande presqu'île qui à la forme d'une botte ; c'est un des pays les plus beaux et les plus fertiles de l'Europe.

D. Quelles sont les bornes de l'Italie ?

R. L'Italie est bornée au nord et à l'ouest par les Alpes, et de tous les autres côtés par la mer.

D. Comment divise-t-on l'Italie ?

R. On divise l'Italie en partie septentrionale et en partie méridionale.

D. Que contient la partie septentrionale ?

R. La partie sept. contient, 1.º les états du roi de Sardaigne en Italie ; 2.º ceux de l'empereur d'Autriche, ou le royaume d'Italie ; 3.º le duché de Parme et de Plaisance ; 4.º le grand-duché de Toscane, le duché de Modène ; 5.º les états de l'Église.

D. Que contient la partie méridionale ?

R. Elle ne contient que le royaume de Naples, qui, réuni à la Sicile, s'appelle roy. des Deux-Siciles.

D. Quelles sont les principales rivières de l'Italie ?

R. Le Pô, qui prend sa source au mont Viso, passe à Turin, à Casal, à Plaisance, à Crémone, et se rend dans le golfe de Venise par plusieurs embouchures ; l'Adige, qui a son embouchure dans le même golfe ; l'Adda et le Tésin qui se jettent dans le Pô ; l'Arno et le Tibre qui se jettent dans la Méditerranée.

PARTIE SEPTENTRIONALE.

ÉTATS DU ROI DE SARDAIGNE.

D. Quels sont les états du roi de Sardaigne ?

R. Les états du roi de Sardaigne en Italie sont : 1.º la Savoie ; 2.º le comté de Nice ; 3.º le Piémont ; 4.º l'état de Gênes.

SAVOIE.

D. Qu'est-ce que la Savoie ?

R. La Savoie est un duché qui est borné à l'occident

dent par la France ; au nord , par la Suisse ; à l'o-
rient , par le Tésin et le Pô ; au sud , par l'état de Gênes. Les Français s'en étoient emparés et en avoient
fait un département , sous le nom du Mont-Blanc ;
mais elle a été rendue au roi de Sardaigne en 1814

D. Quelles sont les principales villes de la Savoie ?

R. *Chambéry* , capitale : population 11,768 habit.
Saint-Jean-de-Maurienne.
Annecy.

D. Quelles sont les productions de la Savoie ?

R. Ce pays est peu fertile, excepté en quelques endroits où l'on recueille du blé et du vin,

COMTÉ DE NICE.

D. Où est situé le comté de Nice ?

R. Il est situé entre le Piémont , la Méditerranée
et la France. Il a formé un département français ,
sous le nom d'Alpes-Maritimes, et a été rendu au roi
de Sardaigne en 1814.

D. Quelles sont les principales villes du comté
de Nice ?

R. *Nice* , qui en est la capitale , et qui est située
sur un rocher , a près de 20,000 habitans.
Puget-Théniers.
San-Remo.
Monaco , qui est enclavé dans le comté , mais qui
en est indépendant , et qui a son prince particulier.

PIÉMONT.

D. Qu'est-ce que le Piémont ?

R. Le Piémont est une principauté ainsi nommée,
parce qu'elle est au pied des monts ou des Alpes, qui
la séparent de la France et de la Savoie. Le fils aîné du
roi de Sardaigne portoit anciennement le nom de Prince de Piémont; depuis il a porté celui de duc de Savoie.

D. Quelle est l'étendue du Piémont ?

R. Le Piémont a environ soixante-dix lieues du
nord au sud , et trente-six de l'est à l'ouest.

D. Comment divise-t-on le Piémont ?

R. Il est divisé en *Piémont-propre* , dans le milieu;

Abr. de Géogr.   C

duché d'Aoste, au nord ; seigneurerie de Verceil, à l'orient, et marquisat de Saluce, à l'occident. Le comté de Nice fait aussi partie du Piémont. Il a été réuni à la France pendant quelques années, et formoit alors cinq départemens. Il a été restitué au roi de Sardaigne en 1814.

D. Quelles sont les productions du Piémont ?

R. Le Piémont, quoique montagneux en plusieurs endroits, est fort peuplé, et fertile en vin, en blé et en fruits.

D. Quelles sont les principales villes du Piémont ?

R. *Ivrée*, sur la *Doire*, capitale du duché de ce nom : population 7,794 habitans.

Aoste, capitale du duché de ce nom.

Chivas.

Verceil, capitale de la seigneurerie de ce nom : population 15,870 habitans.

Bielle, au nord-ouest de Verceil.

Santhia.

Turin, capitale de tout le Piémont, sur le Pô, *ville fortifiée* : population 65,000 habitans.

Suze, marquisat.

Pignerol.

Alexandrie, sur le Tanaro, place forte : population 30,000 habitans.

Asti, ville forte et ancienne : population 18,000 h.

Casal, capitale du Mont-Ferrat, près de 14,000 h.

Coni, belle ville, bien fortifiée, sur une montagne : population 16,724 habitans.

Alba.

Mondovi, population 15,000 habitans.

Saluces, capitale du marquisat de ce nom.

Bobbio, a titre de comté.

Novi.

Tortone, ville assez forte, avec un beau château.

Voghera, ville fortifiée.

ÉTAT DE GÊNES

D. Qu'est-ce que l'état de Gênes ?

R. L'état de Gênes étoit une ancienne république

qui a formé, pendant plusieurs années, trois départemens français, et a été réunie, par l'acte du congrès de Vienne, du 9 juin 1815, aux états du roi de Sardaigne.

D. Quelles sont les productions de l'état de Gênes?

R. Le pays, quoique plein de montagnes, ne laisse pas d'être fertile, et de produire d'excellens vins, de très-bons fruits, et surtout quantité d'olives.

D. Quelles sont les principales villes de l'état de Gênes?

R. *Gênes*, capitale, grande et belle ville, qui s'élève en amphithéâtre, sur le bord de la mer. On la nomme *Gênes la superbe* : population 75,800 habit.

Savone, grande ville, à l'occident de Gênes, peuplée, et fort marchande : population 10,600 habitans.

Acqui, ville médiocre, mais peuplée, célèbre par ses eaux chaudes.

Ceva.

Port-Maurice.

Chiavari : population 7,960 habitans.

Sarzana, ville forte, avec un bon port.

Póntremoli. Spezia.

DUCHÉ DE PARME.

D. Quelles sont les limites du duché de Parme?

R. Le duché de Parme est borné au midi par l'état de Gênes ; au nord, par le Pô ; à l'orient, par le Modénois ; à l'occident, par le Piémont.

D. Comment se divise le duché de Parme?

R. Il se divise, 1.° en duché de *Parme*, à l'orient; 2.° duché de *Plaisance*, à l'occident ; 3.° marquisat de *Busseto*, au nord; 4.° duché de *Guastalla*, au nord-est.

D. A qui appartient ce duché?

R. Ce duché, après avoir formé un département français, sous le nom du *Taro*, a été détaché de la France en 1814, et donné, par l'acte du congrès de Vienne, à son Altesse Impériale Marie-Louise, fille de S. M. l'Empereur d'Autriche.

D. Quelles sont les productions du duché de Parme?

R. Ce duché est fertile en blé, en vins, en ex-

C 2

cellens pâturages, en bestiaux et en soie.

D. Nommez-en les principales villes.

R. *Parme*, capitale de tout le duché, sur le *Parma*, grande et belle ville : population 28,000 habit.

Plaisance, au confluent du *Pô* et de la *Trebia*, ville bien bâtie, plus grande, mais moins peuplée que Parme.

Borgo san Donino.

Busseto, capitale du marquisat de ce nom.

Guastalla, capitale du duché de ce nom.

GRAND-DUCHÉ DE TOSCANE.

D. Où est situé le grand-duché de Toscane?

R. Il est situé entre la Méditerranée et l'état de l'Église.

D. Comment est-il divisé?

R. En trois états : 1.º le Florentin ; 2.º le Pisan; 3.º le Siennois.

D. A qui appartient le grand-duché de Toscane?

R. Il formoit dans ces dernières années trois départemens français. Détaché de la France en 1814, il a été rendu, par l'acte du congrès de Vienne, à S. A. R. l'archiduc Ferdinand d'Autriche.

D. Quelles sont les productions de la Toscane?

R. La Toscane est une des plus belles et des plus fertiles contrées de l'Italie. On y trouve des carrières de marbre, des mines d'Alun et d'argent.

D. Quelles sont les principales villes du grand-duché de Toscane?

R. *Florence*, capitale du grand-duché, sur l'*Arno*, *dite* la belle : population 75,000 habitans. C'est la ville d'Italie où l'on parle le mieux la langue italienne.

Pistoie, ville située au pied de l'Appennin.

Arrezo, grande ville, bâtie sur une montagne.

Livourne, grande et belle ville, port célèbre qui attire beaucoup d'étrangers.

Pise, capitale du Pisan, sur l'*Arno* ; elle a un bon port : population 20,000 habitans.

Voltera, au sud-est de Livourne.

Sienne, capitale du Siennois : populat. 17,000 hab.

Montepulciano.

Grosseto.

ÉTAT DE L'ÉGLISE.

D. Qu'est-ce que l'État de l'Eglise ?

R. C'est une partie de l'Italie, bornée au nord par le Modénois ; au nord-est, par le golfe de Venise ; à l'orient, par le royaume de Naples ; au midi, par la Méditerranée.

D. Pourquoi l'appelle-t-on État de l'Eglise ?

R. Parce que c'est le Pape qui en est le souverain. Cet état, dont le Pape avoit été dépouillé, étoit dans ces dernières années réuni partie à la France, partie au royaume d'Italie ; mais il a été rendu en 1814 à son souverain légitime.

D. Comment se divise l'état de l'Eglise ?

R. Il se divise en onze provinces, qui sont du midi au nord-ouest, la *Campagne de Rome*, le *Patrimoine de Saint Pierre*, l'*Orviétan*, la *Terre de Sabine*, le *Pérougin*, l'*Ombrie*, la *Marche d'Ancône*, le duché d'*Urbin*, la *Romagne*, le *Bolonais* et le *Ferrarais*.

D. Quelles sont les principales villes de l'Etat de l'Eglise ?

R. *Rome*, sur le *Tibre*, capitale : populat. 144,000 habitans. Elle est surnommée la Sainte, parce qu'elle est le centre de la vraie Religion, et qu'un grand nombre de Martyrs y sont morts pour la foi.

Velletri, ville agréable : population 9,500 habit.

Viterbe, grande et belle ville.

Tivoli.

Frosinone.

Rieti.

Spoleto, capitale de l'Ombrie, ville ancienne.

Foligno.

Perugia, sur le *Tibre*.

Todi, sur une colline, près du *Tibre*.

Fermo.

Ancône, port : population 17,330 habitans.

Urbino, *Pezaro*, *Sinigaglia*.

Ravenne, *Comachio*.

Ferrare, grande et belle ville : population, près de 24,000 habitans.

Bologne , l'une des plus belles villes de l'Italie , elle a 64,000 habitans.

Forli , 12,900 habitans.

Bénevent , est enclavé dans le royaume de Naples.

DUCHÉ DE MODÈNE.

D. Où est situé le duché de Modène ?

R. Il est à l'est du duché de Parme.

D. Quels états renferme ce duché ?

R. Il renferme les duchés de *Modène* et de *Reggio*; celui de *Mirandole* en dépend.

D. Quelles sont les principales villes du duché de Modène ?

R. *Modène* , capitale de tout le duché.

La Mirandole , au nord de Modène.

Reggio , capitale du duché de ce nom : population 14,000 habitans.

ROYAUME D'ITALIE,

OU ÉTATS ITALIENS DE L'EMPEREUR D'AUTRICHE.

D. En quoi consistent les possessions italiennes de l'Empereur d'Autriche ?

R. Elles consistent, 1.° dans l'état de Venise, les duchés de Milan et de Mantoue.

ÉTAT DE VENISE.

D. Qu'est-ce que l'état de Venise ?

R. Venise étoit la plus ancienne république de l'Europe. Elle fut cédée par le traité de Lunéville à l'empereur d'Autriche, fit depuis partie du royaume d'Italie, et vient d'être rendu à l'Empereur d'Autriche, par l'acte du congrès de Vienne.

D. Quelles sont les limites de l'état de Venise ?

R. Les limites sont, au nord, le pays des Grisons, un des cantons Suisses ; le Trentin et le Tyrol, qui appartiennent aussi à l'empereur d'Autriche ; à l'orient, le golfe de Venise ; au midi, les duchés de Ferrare et de Mantoue ; à l'occident, le Milanais, ou le duché de Milan.

D. Quelles sont les productions de l'état de Venise ?

R. Les blés, les pâturages et les fruits de toute

espèce y abondent : on y trouve des bois de construc-
tion et des eaux minérales.

D. Quelles en sont les principales villes ?

R. *Venise* , capitale , une des plus peuplées et des
plus marchandes de l'Europe : population 150,000
habitans. On la surnomme *la Riche*. Elle est bâtie
sur soixante-douze îles , qui communiquent les unes
avec les autres , au moyen d'un grand nombre de ponts.

Chiozza , ville qui est au milieu des eaux , comme
Venise.

San-Dona , *Adria*.

Vicence , place forte , ville grande et peuplée de
24,600 habitans.

Schio , *Bassano* , *Asiado* , *Castelfranco*.

Trevise , 10,000 habitans.

Conegliano , *Ceneda* , *Pordenone* , *Spilenberg*.

Padoue a 31,457 habitans.

Este , *Piave* , *Campo-San-Piero*.

Udine.

Tolmezzo , *Cividale* , *Gradisca*.

Bellune.

La Pieve de Cadore , *Feltre*.

Brescia , place forte : elle a 34,000 habitans.

Créme , place forte , sur le *Serio*.

Véronne , sur l'*Adige* ; elle renferme 41,000 hab.

DUCHÉ DE MILAN.

D. Comment divise-t-on le duché de Milan ?

R. On divise le duché de Milan en six parties : le
Milanais propre , le *Comasc* , le comté d'Anghiera ,
le Pavesan , le Lodesan , et le Crémonais.

D. Nommez les principales villes de ce duché ?

R. Les principales villes sont :

Novare , ville forte et ancienne , peuplée de 7,258 h.

Vigevano , *Domo-Dossola* , *Varallo* et *Arona*.

Côme , belle ville , qui compte 7,230 habitans.

Varese , *Menaggio* , *Lecco*.

Fondrio , sur l'*Adda* ; elle a 5,000 habitans.

Chiavenna , *Bormio*.

Milan , capitale de tout le duché : la population
est de 124,800 habitans.

Bergame, place forte, a 19,000 habitans.
Pavie, *Monza*, *Gallerato*.
Crémone, place forte, grande et belle ville : population, 23,000 habitans.
Lodi, sur l'*Adda*.

DUCHÉ DE MANTOUE.

D. Qu'est-ce que le duché de Mantoue ?

R. Le duché de Mantoue ou le Mantouan, est un pays situé au nord du Modénois, et fertile en blés, en pâturages, en fruits et en vins excellens.

D. Quelles en sont les principales villes ?

R. *Mantoue*, place forte, est située au milieu d'un lac que forme la rivière de *Mincio*. Elle a près de 30,000 habitans.

Revero, *Castiglione-delle-Stivière*.

PARTIE MÉRIDIONALE.

ROYAUME DE NAPLES.

D. Qu'est-ce que le royaume de Naples ?

R. Le royaume de Naples, situé à l'extrémité inférieure de l'Italie, est un pays que son extrême fertilité a fait nommer le *paradis de l'Italie*.

D. Quelles sont les bornes du royaume de Naples ?

R. Ce royaume est borné au nord-ouest par l'État de l'Église, et de tous les autres côtés, par la mer.

D. Comment divise-t-on le royaume de Naples ?

R. On partage ce pays en quatre grandes provinces, dont chacune se subdivise en trois.

Les quatre premières sont :

1. La terre de Labour, au sud.
2. L'Abruzze,
3. La Pouille, } au nord, sur le golfe de Venise.
4. La Calabre, au sud-est.

D. Quelles sont les principales villes de la terre de Labour ?

R. *Naples*, archevêché, port, capitale de tout le royaume et de la Terre de Labour propre. Elle est surnommée la *Noble* et la *Gentille*.

Capoue, archevêché.

Bénevent, archevêché de la principauté ultérieure.

Conza, archevêché.

Salerne, } archevêchés, dans la principauté ci-
Amalfi, } térieure.

D. Qu'y a-t-il de remarquable auprès de Naples?

R. Le Mont-Vésuve, qui jette ordinairement une fumée fort épaisse, et quelquefois des flammes et des torrens de matières métalliques fondues et ardentes.

D. Quelles sont les principales villes de l'Abruzze?

R. *Molise*, dans le comtat de Molise, qui fait partie de l'Abruzze.

Chietti, } archevêchés, dans l'Abruzze cité-
Lanciano, } rieure.

Aquila, évêché, dans l'Abruzze ultérieure.

D. Quelles sont les principales villes de la Pouille?

R. *Manfredonia*, archevêché, dans la Capitanate, qui est dans la Pouille.

Erani, } archevêchés, dans la terre de Bari,
Bari, } aussi de la Pouille.

Brindisi, }
Otrante, } archevêchés, dans la terre d'Otrante,
Tarente, } qui est la troisième partie de la
Matera, } Pouille.

D. Quelles sont les principales villes de la Calabre?

R. *Cirenza*, archevêché, dans la Basilicate, qui est de la Calabre.

Rossano, } archevêchés, dans la Calabre ci-
Cosenza, } térieure.

San-Severina, } archevêchés, dans la Calabre
Reggio, } ultérieure.

DES PRINCIPALES ÎLES D'ITALIE.

D. Quelles sont les principales îles de l'Italie?

R. Elles sont au nombre de quatre, savoir :

1. La Sicile, qui se divise en trois parties ou vallées.
2. Malte, au midi de la Sicile.
3. La Sardaigne, qu'on partage en deux caps.
4. La Corse, au nord de celle de Sardaigne, et qui, comme il a été dit, forme un département de la France.

ÎLE DE SICILE.

D. Où est située la Sicile ?

R. La Sicile est située au sud-ouest du royaume de Naples, dont elle est séparée par un détroit nommé détroit de *Messine*.

D. Quelles sont les villes principales de la Sicile ?

R. *Messine*, archevêché, sur le phare de son nom, dans la vallée de Demona, qui est une des trois parties de la Sicile.

Syracuse, évêché,   } dans la vallée de Noto.
Noto,

Palerme, archevêché,
capitale de toute la Sicile, } dans la vallée de **Mazara**.
Montréal, archevêché,
Mazara, évêché,

D. Qu'y a-t-il de remarquable dans la Sicile ?

R. On remarque, au sud-ouest de Messine, le mont Gibel, autrefois mont Etna, beaucoup plus considérable que le mont Vésuve, et qui, comme lui, jette du feu.

ÎLE DE MALTE.

D. Qu'est-ce que l'île de Malte ?

R. L'île de Malte est un rocher fortifié, et presque stérile, qui ne produit que quelques fruits. Elle est située au midi de la Sicile.

D. Quelle est la capitale de cette île ?

R. *Malte*, évêché ; elle a appartenu aux chévaliers du même nom, appelés autrefois de Saint-Jean-de-Jérusalem, jusqu'en 1797. Elle est divisée en trois parties, 1.º la Cité-Valette, 2.º la Cité-Victorieuse, 3.º l'île de Saint-Michel.

ÎLE DE SARDAIGNE.

D. Qu'est-ce que la Sardaigne ?

R. La Sardaigne est une grande île qui a le titre de royaume, et dont l'air est très-mal sain, le sol assez fertile, et le peuple fort grossier. Elle est à l'occident de l'Italie, et au sud de la Corse dont elle n'est séparée que par un détroit de trois lieues.

D. Quelles en sont les principales villes ?

R. *Cagliari* , archevêché , capitale de l'île et de la partie nommée *cap de Cagliari.*

Oristagni , archevêché.

Sassari, archevêché , dans la partie du nord, nommée *Cap-Lugodori.*

Pour l'île de Corse , *voyez* France.

ARTICLE TROISIÈME.
ILES IONIENNES.

D. Qu'est-ce que les îles ioniennes?

R. Ce sont sept îles de différentes grandeurs, situées le long des côtes dans la mer Ionienne.

D. Dites les noms de ces sept îles?

R. 1.º Corfou , près de l'entrée du golfe de Venise; 2.ᵉ Laxo , à 4 lieues de Corfou ; 3.º Sainte-Maure , très-voisine du continent ; 4.º Theachi, au sud de Sainte-Maure ; 5.º Céphalonie, la plus grande de ces îles, au sud de Theachi , 6.º Zante , séparée de Céphalonie par un canal de 4 lieues ; 7.º Cérigo , à une grande distance de Zante , au sud de la Morée , grande presqu'île qui appartient à la Turquie.

ARTICLE QUATRIÈME.
DE L'ESPAGNE.

D. Qu'est-ce que l'Espagne?

R. L'Espagne est un grand pays , borné au nord-est par les Pyrénées , qui la séparent de la France ; à l'orient et au midi par la mer Méditerranée ; à l'occident par le Portugal, et au nord-ouest par l'Océan. L'air y est chaud , mais pur ; le sol seroit fertile s'il étoit bien cultivé. L'Espagne produit des vins délicieux , de belles laines , de la soie et des chevaux.

D. Quel est le gouvernement de l'Espagne ?

R. Le gouvernement est monarchique , et le roi porte le titre de *catholique.*

D. Comment divise-t-on l'Espagne ?

R. L'Espagne se divise en treize provinces, qui ont presque toutes le titre de royaume.

Trois au nord , sur l'Océan.

1, La Biscaye.

2. Les Ast ries.
3. La Galice.

Une, au sud-est, aussi sur l'Océan.

L'Andalousie.

Quatre du sud au nord-ouest sur la Méditerranée.
1. Grenade.
2. Murcie.
3. Valence.
4. Catalogne.

Cinq au milieu.
1. Navarre.
2. Aragon.
3. Castille vieille.
4. Royaume de Léon.
5. Castille nouvelle.

D. Quels sont les principaux fleuves de l'Espagne ?
R. Les principaux fleuves sont du nord au sud.

Le Minho,
Le Douro,
Le Tage, } qui se jettent dans l'Océan.
La Guadiana,
Le Guadalquivir,

Et l'Ebre, qui se jette dans la Méditerranée.

PROVINCES DU NORD.

D. Quelles sont les principales villes des provinces du nord ?
R. Ce sont, pour la Biscaye :

Bilbao, évêché, capitale de la Biscaye, et de la Biscaye propre.

Fontarabie, capitale du Guipuscoa.

Vittoria, capitale de l'Alava.

Pour les Asturies :

Oviédo, évêché, capitale des Asturies.

Santillana, capitale des Asturies de ce nom.

Pour la Galice :

Compostelle, archevêché, capitale de la Galice.

Mondonedo, évêché, au nord.

Lugo,
Tuy, } évêchés, sur le Minho.
Orencé,

(61)

La Corogne ,
Ferrol , } ports , au nord-ouest.

PROVINCES DU SUD , SUR L'OCÉAN.

D. Quelles sont les principales villes de l'Andalousie ?

R. *Séville* , archevêché ,
capitale de l'Andalousie ,
Cordoue , évêché ,
Anduxar ,
Baeça , } sur le Gualdaquivir.

Jaen , évêché , au sud de Baeça.

Cadix , évêché, dans l'île de ce nom , au sud-ouest de cette province.

Gibraltar , port, qui appartient aux Anglais.

PROVINCES DU SUD OU NORD-OUEST.

D. Quelles sont les principales villes des provinces du sud ou nord-est ?

R. Ce sont, pour le royaume de Grenade :

Grenade , archevêché , capitale du royaume de ce nom , fameuse par ses soies.

Guadix , évêché.

Almérie ,
Malaga , } évêchés , ports, au sud sur la Méditerranée.

Pour le royaume de Murcie :

Murcie , capitale du royaume de Murcie.

Cartagène , évêché , port.

Pour le royaume de Valence.

Valence , archevêché , capitale du roy. de ce nom.

Segorbe , évêché, au nord-ouest de Valence.

Alicante , port.

Orihuella , évêché , au sud.

Pour la Catalogne :

Barcelonne, évêché, port, capitale de la Catalogne.

Vich ,
Gironne ,
Urgel , } évêchés, près les Pyrénées.

Solsone , évêché , au sud d'Urgel.

Lérida , évêché, sur la Sègre.

Tarragone , archevêché , sur la Méditerranée.

Tortose, évêché, presqu'à l'embouchure de l'Ebre.

PROVINCES DU MILIEU.

D. Quelles sont les principales villes des provinces du milieu ?

R. Ce sont , pour la Navarre :

Pampelune , évêché, capitale de la Navarre.

Estella , sur l'Ega.

Olite.

Sanguesa , sur l'Aragon.

Tudela , sur l'Ebre.

    Pour l'Aragon.

Saragosse , archevêché , sur l'Ebre , capitale du royaume d'Aragon.

Albarasin , } évêché, sur le Gualdalaviar , au
Téruel , }   sud-ouest de l'Aragon.

Jacca , évêché , au nord sur l'Aragon.

Taraçona , évêché, à l'occident.

Huesca , évêché, à l'orient de Taraçona.

    Pour la Castille vieille :

Burgos , archevêché , capitale de la Castille vieille.

Valladolid , évêché , à l'ouest.

Osma , évêché , sur le Douro.

Siguença , évêché , au sud-ouest d'Osma.

Ségovie , évêché , au sud , célèbre par ses laines.

Avila , évêché , au sud-ouest de Ségovie.

    Pour le royaume de Léon :

Léon , évêché, capitale du royaume de ce nom.

Astorga ,

Palencia ,   } évêchés, du

Zamora , sur le Douro,   }   nord au

Salamanque , célèbre université , } sud.

Ciudad-Rodrigo ,   }

    Et pour la Castille nouvelle :

Madrid , capitale de toute l'Espagne, et de la Castille nouvelle , et en particulier de l'Algarie , résidence ordinaire du roi d'Espagne.

Tolède , archevêché , primat d'Espagne , sur le Tage , au midi de Madrid.

L'Escurial , magnifique couvent et palais royal , au nord-ouest de Madrid.

(63)

Cuença, évêché, capitale de la Sierra.

Calatrava, chef-lieu d'un ordre de chevalerie, capitale de la Manche.

Badajoz, évêché, capitale de l'Estramadure, sur la Guadiana.

D. Quelles sont les principales îles d'Espagne ?

R. *Majorque*, dont la capitale porte le même nom, et est évêché.

Minorque, sa capitale est *Citadella*.

Port Mahon, *Le fort Saint-Philippe*. } ci-devant aux Anglais, et pris par le maréchal de Richelieu, au mois de juin 1756.

Iviça, qui a un fort du même nom.

ARTICLE CINQUIÈME.

DU PORTUGAL.

D. Qu'est-ce que le Portugal ?

R. Le Portugal est un royaume qui est borné au nord et à l'est par l'Espagne, au sud et à l'ouest par l'Océan. L'air y est pur, sain et tempéré, cependant plus chaud que froid. Le sol produit de bons vins et des fruits excellens.

D. Quels sont les principaux fleuves du Portugal ?

R. Ce sont le Tage, dans le milieu ; le Douro, au nord, et le Guadiana, au sud-ouest. Ces trois fleuves ont leur source en Espagne, dont ils parcourent une partie avant d'entrer en Portugal.

D. Comment divise-t-on le Portugal ?

R. On divise le Portugal en six provinces, qui sont du nord au sud.

1. Entre-Minho-e-Douro.
2. Tra-los-Montes.
3. Béira.
4. Estramadure portugaise.
5. Alentejo.
6. Algarve.

D. Quelles sont les villes principales de la province d'Entre-Minho-e-Douro ?

R. *Brague*, archevêché, capitale,

Pórto , évêché , à l'embouchure du Douro, port

D. Quelles sont les villes principales de la province de Tra-los-Montes ?

R. *Miranda-de-Douro* , évêché , capitale.
Bragance , duché.

D. Quelles sont les villes principales de la province de Béira ?

R. *Coimbre* , évêché , capitale , université.

La Guarda,
Lamego , sur le Douro ; } évêchés.
Viseu ,

D. Quelles sont les villes principales de l'Estramadure portugaise ?

R. *Lisbonne* , archevêché , port , à l'embouchure du Tage , capitale de tout le royaume et de l'Estramadure portugaise.

Leria , évêché.

D. Quelles sont les villes principales de l'Alentejo ?

R. *Evora* , archevêché , capitale.

Elvas , — *Portalègre* , — évêchés.

D. Quelles sont les villes principales de l'Algarve ?

R. *Tavira* , capitale. — *Faro* , évêché.

ARTICLE SIXIÈME.

DE LA SUISSE.

D. Qu'est-ce que la Suisse ?

R. C'est une république formée de plusieurs cantons.

D. Quelles sont les bornes de la Suisse ?

R. La Suisse est bornée, au nord, par le grand-duché de Bade ; à l'orient, par le lac de Constance , et les royaumes de Bavière et d'Italie ; au midi et à l'occident, par le royaume d'Italie et la France. Le pays est élevé et rempli de montagnes.

D. Nommez les principales rivières de la Suisse ?

R. Le Rhin et le Rhône , dont on a déjà parlé; le Tésin , qui va en Italie et se jette dans le Pô , y prennent leur source , aussi bien que l'Aar, le Reuss et l'Inn.

D. Comment divise-t-on la Suisse ?

R. On divisoit la Suisse en dix-neuf cantons ; il en a été ajouté trois par l'acte du Congrès de Vienne, lesquels sont formés du Valais, du territoire de Genève, et de la principauté de Neufchâtel. Voici leurs noms par ordre alphabétique, ainsi que ceux des chefs-lieux.

CANTONS.	CHEFS-LIEUX.	CANTONS.	CHEFS-LIEUX.
1. APPENZEL,	Appenzel.	11. SCHWITZ,	Schwitz,
2. ARGOVIE,	Arau.	12. SOLEURE,	Soleure.
3. BALE,	Bâle.	13. TÉSIN,	Tellinzona.
4. BERNE,	Berne.	14. TURGOVIE,	Frawenfeld.
5. FRIBOURG,	Fribourg.	15. UNDERWALD,	Stantz.
6. GLARIS,	Glaris.	6. URI,	Altdorff.
7. GRISONS,	Coire.	17. VAUD,	Lauzanne.
8. LUCERNE,	Lucerne.	18. ZUG,	Zug.
9. SAINT-GALL,	Saint-Gall.	19. ZURICH,	Zurich.
10. SCHAFFHOUSE,	Schaffhouse.		

Cantons ajoutés par l'acte du Congrès de Vienne.

20. VALAIS,	Sion.	22. NEUFCHATEL,	Neufchâtel.
21. GENÈVE,	Genève.		

D. Quelles sont les principales villes de la Suisse ?

R. Zurich, Bâle, Berne, Lucerne, Fribourg, Soleure, Lausanne, Schaffhouse et Genève.

ARTICLE SEPTIÈME.

ROYAUME DES PAYS-BAS.

D. Qu'est-ce que le royaume des Pays-Bas ?

R. C'est un nouveau royaume qui a été créé par le Congrès de Vienne en 1815.

D. De quel pays est formé ce royaume ?

R. D'une partie de la Belgique ou Pays-Bas Autrichiens, et des Provinces-Unies, ou Hollande.

D. Qu'entendez-vous par Pays-Bas ?

R. On comprend sous ce nom tout le pays qui est entre la France, l'Allemagne et l'Océan.

D. Pourquoi les nomme-t-on Pays-Bas ?

R. Parce qu'ils sont vers la mer, et que plusieurs fleuves y ont leur embouchure.

D. Quelles sont les principales rivières des Pays-Bas ?

R. La Meuse, l'Escaut et la Sambre.

D. Quel est le cours de la Meuse ?

R. La Meuse, qui prend sa source en France, près de Meuse et de Montigny, département de la Haute-Marne, passe à Verdun, à Sedan, à Dinan, à Liége, à Maestricht, se réunit au Rhin, s'en sépare, s'y réunit une seconde fois et se jette dans la mer au-dessous de Dordrecht.

D. Quel est le cours de l'Escaut ?

R. L'Escaut prend sa source en France, près de Catelet, département de l'Aisne, passe à Cambrai, à Valenciennes, à Tournay, à Oudenarde, reçoit la Lys à Gand, passe à Anvers, et se partage en deux branches, avant de se rendre dans la mer du Nord.

D. Quel est le cours de la Sambre ?

R. La Sambre a sa source en France, dans le département de l'Aisne, passe à Landrecies, à Maubeuge, à Charleroi, et se jette dans la Meuse à Namur.

D. Comment se divisent les Pays-Bas autrichiens, ou la Belgique ?

R. Ils se divisent en huit provinces, savoir : au milieu, le duché de Brabant ; à l'orient, le grand-duché de Luxembourg, le duché de Gueldre ; le comté de Flandre, à l'occident ; et ceux de Hainaut et de Namur, au midi.

D. Quelles sont les principales villes du duché de Brabant ?

R. *Bruxelles*, capitale, sur la Senne, grande et belle ville : population 72,280 habitans.

Nivelle, au midi de Bruxelles, jolie ville, située dans un pays agréable.

Louvain, à l'orient de Bruxelles, sur la Dyle, grande ville, mal peuplée.

Malines, sur la Dyle, jolie ville.

Anvers, sur l'Escaut, grande ville, forte et bien bâtie : population 59,000 habitans.

D. Quelle est la principale ville du grand-duché de Luxembourg ?

R. *Luxembourg*, capitale, sur l'Else : c'est une des plus fortes villes de l'Europe : populat. 9,300 habit.

D. N'y a-t-il rien à remarquer sur le grand duché de Luxembourg?

R. Conformément à l'acte du Congrès de Vienne, le grand-duché de Luxembourg fait partie de la Confédération Germanique, et le Prince, roi des Pays-Bas, qui a ajouté à ces titres celui de Grand-duc de Luxembourg, entre en cette qualité dans le système de cette Confédération.

D. Quelle est la principale ville du duché de Gueldre?

R. *Ruremonde*, au confluent de la Roër et de la Meuse, ville riche, marchande et bien fortifiée.

D. Quelles sont les principales villes du comté de Flandres?

R. *Gand*, capitale, ville riche, grande et très-peuplée : population 57,000 habitans.

Termonde, au confluent de la Dendre et de l'Escaut.

Audenaerde, sur l'Escaut, ville forte et riche.

Courtray, sur la Lys.

Bruges, grande ville, à l'ouest de Gand : population 33,000 habitans.

Ostende, port, et ville très-forte.

Ypres, grande et belle ville, sur l'Yperle.

Furnes, place forte.

Tournai, place forte.

D. Quelle est la principale ville du comté de Hainaut?

R. *Mons*, capitale : population 19,000 habitans.

D. Quelles sont les principales villes du comté de Namur?

R. *Namur*, capitale, ville médiocre, au confluent de la Sambre et de la Meuse.

Charleroy, ville forte, sur la Sambre.

D. Qu'est-ce que la Hollande, ou les Provinces-Unies?

R. Un pays qui fait partie du nouveau royaume des Pays-Bas, et qui est borné à l'orient par l'Allemagne; au midi, par les Pays-Bas Autrichiens; à l'occident et au nord, par l'Océan.

D. Comment divise-t-on les Provinces-Unies?

R. En 7 provinces, et le pays de la Généralité; savoir : la Gueldre hollandaise ou septentrionale, au S. E.; la Hollande, à l'occident; la Zélande, au S. O.; la province d'Utrecht, au milieu; la Frise, au nord; l'Overyssel et la province de Groningue, au N. O.; le pays de la Généralité est au nord.

D. Quelles sont les principales villes de la Gueldre Hollandaise ou septentrionale ?

R. *Nimègue*, capitale, sur le Vahal, ville forte et marchande.

Arnheim, ville fortifiée.

Zutphen, sur l'Yssel, ville ancienne et forte.

D. Quelles sont les principales villes de la Hollande?

R. *Amsterdam*, capitale, port, la plus grande ville des Provinces-Unies et du royaume des Pays-Bas : population 210,000 habitans.

Alkmaer, la plus ancienne ville de la Hollande.

Harlem, sur le lac du même nom.

Leyde, sur le Rhin.

La Haye, comme ce lieu n'a pas de murailles, il peut passer pour un bourg ou pour un village ; mais c'est le plus beau qui soit au monde : il a 42,000 hab.

Rotterdam, port, sur la Meuse, près de l'embouchure de ce fleuve.

Dordrecht, sur la Meuse, au midi.

Gorcum, ville forte sur la Meuse, à l'orient de Dordrecht.

Briel, port, dans l'île de Vorn.

D. Quelles sont les principales villes de la Zélande ?

R. *Middelbourg*, capitale, dans l'île de Walcheren, ville belle et très-marchande : pop. 7,000 hab.

Goès, ville forte et riche.

Zierickzée, petite ville, avec un bon port, dans l'île de Schowen.

D. Quelles sont les principales villes de la province d'Utrecht?

R. *Utrecht*, capitale, sur le Rhin.

Amersfoort, sur l'Ems, au nord-est d'Utrecht.

D. Quelle est la principale ville de la Frise?

R. *Leuwarden*, cap., au nord : pop. 15,000 habit.

D. Nommez les principales villes de la province d'O-veryssel.

R. *Deventer*, capitale, sur l'Yssel, ville forte et bien bâtie.

Zwolle, place forte.

D. Quelle est la principale ville de la province de Groningue ?

R. *Groningue*, capitale, ville forte, et peuplée de 23,000 habitans.

D. Quelles sont les principales villes du pays de la Généralité ?

R. *Breda*, ville forte et marchande.

Bois-le-duc, sur le Dommel.

Maestricht, ville forte, sur la Meuse.

D. Les pays qui composent les Pays-Bas, n'ont-ils pas fait, pendant quelque temps, partie de ce qu'on appeloit l'Empire Français.

R. Oui, les Pays-Bas autrichiens ont fait pendant vingt ans partie de la France ; et la Hollande, gouvernée anciennement par un Stathouder, après avoir changé plusieurs fois de constitution, avoit été réunie à la France en 1810, et en a été détachée par le traité de Paris, du 31 mai 1814.

ARTICLE HUITIÈME.

DE L'ALLEMAGNE,

OU DE LA CONFÉDÉRATION GERMANIQUE.

D. Qu'est-ce que l'Allemagne ?

R. L'Allemagne étoit un vaste état, composé d'un grand nombre de souverainetés ecclésiastiques et séculières, de plusieurs villes impériales, et autres qu'on nommoit anséatiques.

D. Quel titre portoit le chef de l'Allemagne ?

R. Il portoit le titre d'Empereur.

D. Cette dignité étoit-elle héréditaire ?

R. Non : L'Empereur d'Allemagne étoit élu par neuf princes, trois ecclésiastiques et six séculiers, qu'on appeloit, à cause de cela, électeurs.

D. Quels étoient les trois électeurs ecclésiastiques ?

R. C'étoient les archevêques de Mayence, de Cologne et de Trèves.

D. Quels étoient les six autres électeurs ?

R. Le roi de Bohême, le duc de Bavière, le comte Palatin, le duc de Saxe, le marquis de Brandebourg, et le duc d'Hanovre.

D. Qu'entendez-vous par villes impériales ?

R. On appeloit ainsi des villes libres qui ne dépendoient que de l'Empereur. Il y en avoit anciennement 51 en Allemagne, mais il y a quelques années on en avoit supprimé la plus grande partie ; et il n'en restoit plus que six, lorsque l'empire d'Allemagne a été détruit en 1806, savoir : Augsbourg, Nuremberg, Francfort, Brême, Hambourg et Lubech. Ces trois dernières étoient aussi anséatiques.

D. Qu'entendez-vous par villes anséatiques ?

R. On nommoit ainsi des villes libres qui s'étoient unies ensemble pour soutenir leur commerce : il y en avoit six : cinq en Allemagne : les trois qui viennent d'être nommées, Cologne et Rostock, et une en Pologne, Dantzick.

D. Comment divisoit-on l'Allemagne ?

R. L'Allemagne étoit divisée en neuf cercles ou grandes provinces, qui comprenoient chacune plusieurs Etats, dont les chefs s'assembloient pour leurs affaires communes. Il y avoit quatre cercles dans la haute Allemagne, au midi, et cinq dans la basse, au nord.

D. Quels étoient les quatre cercles de la haute Allemagne ?

R. C'étoient, d'orient en occident, ceux d'Autriche, de Bavière, de Souabe ; et au nord de ces deux derniers, celui de Franconie.

D. Quels étoient les cinq cercles de la basse Allemagne ?

R. C'étoient, le long de l'Océan et de la mer Baltique, ceux de haute Saxe, de basse Saxe et de Westphalie ; et au sud de ce dernier, ceux du Haut-Rhin et du Bas-Rhin ou cercle électoral.

1. D. Où étoit situé le cercle d'Autriche?

R. Ce cercle, à l'orient et au midi de l'Allemagne, étoit borné au nord par la Bohême et la Moravie, à l'orient par la Hongrie, au midi par la seigneurie de Venise, et à l'occident, par la Bavière et le pays des Grisons.

D. Combien renfermoit-il de pays?

R. Le cercle d'Autriche renfermoit cinq pays : quatre du nord au sud, l'archiduché d'Autriche (aujourd'hui à l'Autriche), l'électorat de Saltzbourg (au roi de Bavière), les duchés de Styrie, de Carinthie et de Carniole (à l'Autriche); le cinquième étoit le comté de Tyrol (partie au roi de Bavière, partie au royaume d'Italie).

2. D. Quelles étoient les limites du cercle de Bavière?

R. Ce cercle étoit borné au nord par la Franconie et la Bohême, à l'orient et au midi par le cercle d'Autriche, et à l'occident par la Souabe.

D. Combien renfermoit-il d'États principaux?

R. Le cercle de Bavière renfermoit cinq états principaux, deux séculiers et trois ci-devant ecclésiastiques; ce sont, 1.° le duché de Bavière, au midi du Danube, et le Palatinat de Bavière au nord; 2.° le duché de Neubourg, à l'ouest du cercle de Bavière; 3.° l'évêché de Freysingen, au milieu du duché de Bavière; 4.° l'évêché de Ratisbonne, et 5.° l'évêché de Passaw, l'un et l'autre le long du Danube (tous ces pays font partie du royaume de Bavière).

3. D. Quelles étoient les limites du cercle de Souabe?

R. Il étoit borné au nord par le cercle électoral du Rhin et de la Franconie, à l'orient par la Bavière, au midi par la Suisse, et à l'occident par le Rhin, qui la séparoit de l'Alsace ou de la France.

D. Quels étoient les principaux états de ce cercle?

R. Ce cercle avoit 31 villes impériales, et grand nombre d'états ecclésiastiques et séculiers. Les principaux étoient au nombre de six, 1.° le duché de Wurtemberg; au nord (au roi de Wurtemberg); 2.° la principauté et comté de Furstemberg (au grand-duc de Bade), à l'ouest et au sud du duché de Wurtemberg; 3.º le marquisat de Bade (au grand-duc de Bade); 4.º l'évêché d'Augsbourg, à l'orient (au roi de Bavière); 5.º l'abbaye de Kempten, au sud-est (au roi de Bavière); 6.º l'évêché de Constance, au midi (au grand-duc de Bade.

4. D. Quelles étoient les limites du cercle de Franconie ?

R. Ce cercle, situé au milieu de l'Allemagne, étoit borné au midi par la Souabe, à l'orient par la Bavière et la Bohême, au nord par le cercle de la Haute-Saxe, et à l'occident par celui du Haut-Rhin.

D. Quels étoient les principaux États du cercle de Franconie ?

R. Les principaux États de ce cercle étoient les évêchés de Bamberg (au royaume de Bavière), et de Wurtzbourg au milieu (au grand-duc de Wurtzbourg); l'évêché d'Aichstat au sud-est (au roi de Bavière); le marquisat d'Anspach et de Culembach, au midi et au nord-est (au royaume de Bavière).

D. Combien y avoit-il de villes impériales et libres dans ce cercle ?

R. Il y en avoit cinq en Franconie.

5. D. Comment divisoit-on le cercle de Haute-Saxe ?

R. Ce cercle se divisoit en trois parties : 1.º la Saxe (au roi de Saxe) ; 2.º l'électorat de Brandebourg (au roi de Prusse); 3.º le duché de Poméranie (partie au roi de Prusse, partie au roi de Suède).

Il n'y avoit que deux villes impériales, Mulhausen et Northausen vers l'occident.

6. D. Combien le cercle de Basse-Saxe comprenoit-il de parties ?

R. Ce cercle comprenoit huit principales parties : 1.º le duché de Brunswick ; 2.º l'évêché de Hildesheim ; 3.º la principauté de Halberstat ; 4.º le duché de Magdebourg ; 5.º les états de Brunswick-Hanover, ou de l'électeur d'Hanovre (tous ces pays faisoient partie du royaume de Westphalie, qui n'existe plus); 6.º le duché de Meckelbourg

(au duc de Meckelbourg) ; 7.° le duché de Hols-
thein (au roi de Danemarck) ; 8.° l'évêché de Lubeck (au duc de Holsthein-Oldembourg.)

D. Combien y avoit-il dans ce cercle de villes
impériales?

R. Il n'y en avoit que quatre, savoir : Goslard
(au roi de Prusse), Brême, Hambourg et Lubeck, villes libres.

7. D. Quelles étoient les limites du cercle de
Westphalie?

R. Ce cercle avoit au nord, l'Océan ; à l'orient,
la Basse-Saxe ; au midi, le cercle du Haut-Rhin ;
à l'occident, les Pays-Bas.

D. Combien renfermoit-il d'Etats principaux ?

R. Il renfermoit treize états principaux, savoir :
1.° le ci-devant évêché de Liége ; 2.° le ci-devant
duché du Juliers ; 3.° le duché de Berg, à l'orient
(au roi de Prusse) ; 4.° le duché de Westphalie
ou le Saureland, au nord-est de celui de Berg (au
grand-duc de Hesse-Darmstadt) ; 5.° le duché de
Clèves et le comté de la Marck (au roi de Prusse) ;
6.° l'évêché de Munster ; 7.° l'évêché de Pader-
born ; 8.° l'évêché d'Osnabruck ; 9.° la principauté de Minden, et le comté de Ravensberg ;
10.° le comté d'Hoye; 11.° le duché de Ferden au
nord-est du même évêché ; 12.° le comté d'Ol-
dembourg ; et 13.° la principauté d'Oost-Frise.

D. Combien y avoit-il de villes impériales dans
ce cercle ?

R. Il y avoit en Westphalie deux villes libres
et impériales : Aix-la-Chapelle dans le duché de
Juliers, et Dortmond dans le comté de la Marck.

8. D. Quels étoient les principaux Etats du
cercle du Bas-Rhin ?

R. Ce cercle, qui confoit celui du Haut-Rhin, se
nommoit aussi *Cercle Électoral*, parce qu'il comprenoit quatre électorats, savoir : 1.° Mayence,
2.° Trèves, 3.° Cologne, 4.° le Palatinat du Rhin.
Il renfermoit encore une ville impériale qui étoit Cologne, et quelques petits états peu considérables

Abr. de Géogr. D

9. D. Quels étoient les principaux Etats renfermés dans le cercle du Haut-Rhin ?

R. Ce cercle renfermoit huit principaux Etats, savoir : 1.º l'évêché de Worms , et 2.º celui de Spire ; 3.º l'évêché de Bâle (partie à la Suisse , partie au grand-duché de Bade) ; 4.º le duché de Deux-Ponts; 5.º le duché de Simmeren ; 6.º le landgraviat de Hesse et le landgraviat de Darmstadt (au grand-duc de Hesse-Darmstadt) ; 7.º le comté de Nassau (au prince de Nassau) ; 8.º la principauté de l'abbaye et évêché de Fulde.

D. La constitution de l'Allemagne n'a-t-elle pas éprouvé depuis peu des changemens ?

R. Oui ; dès le commencement de la révolution française , plusieurs villes et portions de territoire avoient été détachées de l'Allemagne et réunies à la France. En 1806, l'Empire d'Allemagne fut remplacé par une confédération des princes Allemands , sous le titre de Confédération du Rhin : elle a été dissoute à son tour; une autre, que l'on désigne sous le nom de Confédération Germanique , l'a remplacée.

D. Quelques princes d'Allemagne n'avoient-ils pas aussi changé de titres ?

R. Oui ; les électeurs de Saxe et de Bavière , et le duc de Wurtemberg ont pris, lorsque la Confédération du Rhin s'est formée, le titre de Roi, qu'ils ont conservé ; et d'autres , celui de Grand-Duc, etc. Un royaume, qui n'existe plus , s'étoit formé d'une partie du cercle de Westphalie et du Hanovre, sous le nom de royaume de Westphalie.

D. Quels étoient les états qui composoient la Confédération du Rhin ?

R. Les duchés de Berg et de Mecklembourg, le royaume de Westphalie, celui de Saxe, le grand duché de Varsovie , qui a passé, avec le titre de royaume , sous la domination de l'empereur de Russie ; les royaumes de Bavière et de Wurtemberg, les grands duchés de Bade et de Hesse-Darmstadt, le duché de Nassau, le grand-duché de Francfort, le grand-duché de Wurtzbourg , et plusieurs autres principautés d'Allemagne.

D. Quels sont les principaux états qui composent la Confédération germanique ?

R. L'Autriche et la Prusse, pour leurs états d'Allemagne ; le roi de Danemarck , pour le Holstein ; le roi des Pays-Bas , pour le grand-duché de Luxembourg; le roi d'Angleterre , en qualité de roi d'Hanovre ; les rois de Bavière , de Saxe , de Wurtemberg; le duché de Bade ; la Hesse-Electorale; le grand-duc. de Hesse ; les villes libres de Lubeck , Francfort , Brême et Hambourg.

D. Quel est le but de la Confédération germanique?

R. De maintenir la sûreté extérieure et intérieure de l'Allemagne , l'indépendance et l'inviolabilité des états confédérés.

D. Quelles sont les principales rivières qui traversent l'Allemagne ?

R. 1.º L'Elbe, qui prend sa source en Bohême, traverse le royaume de Saxe, et se jette dans la mer du Nord ; 2.º le Weser, qui se jette dans la même mer ; 3.º le Danube , qui prend sa source près de la Forêt-Noire, passe à Ulm , traverse le royaume de Bavière, l'empire d'Autriche , la Turquie d'Europe, et se jette dans la mer Noire.

D. Quelles sont les principales villes de l'Allemagne?

R. *Dusseldorf* , capitale du grand-duché de Berg, (au roi de Prusse.)

Cassel , (à l'électeur de Hesse.)

Magdebourg.

Hanovre , capitale du royaume d'Hanovre.

Dresde , capitale du royaume de Saxe ; *Leipsick* , (au roi de Saxe.)

Munich , capitale du royaume de Bavière ; *Ratisbonne* , *Saltzbourg* , *Inspruck* , (à l'Autriche.)

Stuttgard , capitale du royaume de Wurtemberg; *Ulm* , (au roi de Wurtemberg.)

Carlsruhe , *Bade* , *Manhéin* , (au granddùc de Bade).

Francfort , sur le *Mein* , ville libre , siége de la diète de la Confédération germanique.

Vienne , capitale de l'Autriche et de toute la monarchie autrichienne ; *Gratz* , capitale du duché de

Styrie ; *Laybach* , capitale du duché de Carniole ; *Clagenfurt* , capitale de la Carinthie ; *Trieste* , capitale de l'Istrie, port de mer; *Trente* , (à l'empereur d'Autriche.)

Berlin , capitale du Brandebourg et de toute la monarchie Prussienne ; *Francfort* , sur l'*Oder* ; *Brandebourg* , *Stettin* , capitale de la Poméranie prussienne , (au roi de Prusse.)

L'empereur d'Autriche et le roi de Prusse viennent en outre de se partager la partie de l'Allemagne endeça du Rhin , qui avoit été réunie à la France , et qui formoit les quatre départemens dits de la rive gauche du Rhin.

Gluckstadt , port , principale ville du Holstein ; *Kiel* , (au roi de Danemarck.)

ARTICLE NEUVIÈME.

EMPIRE D'AUTRICHE.

D. Quels sont les autres états de l'empereur d'Autriche ?

R. Ces états , outre le royaume d'Italie et l'empire d'Autriche , sont : le royaume de Bohême , le marquisat de Moravie , la Silésie autrichienne , le royaume de Hongrie , l'Esclavonie , la Transylvanie , la Gallicie orientale.

Royaume de Bohême.

D. Où est situé le royaume de Bohême ?

R. Au nord de l'archiduché d'Autriche.

D. Quelle est la capitale de ce royaume ?

R. *Prague* , sur la Muldaw , archevêché, université : elle a 80,000 habitans.

Marquisat de Moravie.

D. Où est situé ce marquisat ?

R. A l'est du royaume de Bohême.

D. Quelle en est la capitale ?

R. *Olmutz* , sur la Moravie, évêché; elle renferme 12,000 habitans.

Silésie Autrichienne.

D. Où est située cette province ?
R. Elle est au nord-est de la Moravie.
D. Quelle en est la ville principale ?
R. *Jegersdorf*, jolie ville, sur l'Oppa.

Royaume de Hongrie.

D. Qu'est-ce que le royaume de Hongrie ?
R. C'est un état assez étendu qui occupe le centre de la monarchie Autrichienne. Il est borné à l'occident par la Styrie, l'Autriche et la Moravie ; au nord par la Silésie et la Gallicie ; à l'orient et au midi par la Turquie d'Europe.
D. Comment divise-t-on le royaume de Hongrie ?
R. On le divise en trois parties ; 1.° la Hongrie occidentale ; 2.° la Hongrie orientale ; 3.° le Bannat de Temeswar.
D. Quelles sont les principales villes de la Hongrie ?
R. *Presbourg*, sur le Danube, capitale de la Hongrie occidentale. Cette ville, qui est située sur les frontières de l'Autriche, a 27,000 habitans.
Tokai, fameuse pour ses vins.
Agria, place forte.
Bude, sur le Danube, capitale de la Hongrie orientale, et de tout le royaume.
Gran ou *Strigonie*, sur le Danube, archevêché.
Temeswar, capitale du Bannat de ce nom, place forte.

Esclavonie.

D. Où est située l'Esclavonie ?
R. Au sud-est de la Hongrie.
D. Quelles sont les villes princip. de l'Esclavonie ?
R. *Agram*, sur la Save.
Peterwaradin, place forte, près du Danube.

Transylvanie.

D. Où est située la Transylvanie ?
R. Au sud-est de la Hongrie.

D. Quelle est la capitale de ce pays?

R. *Hermanstadt*, place forte. On y compte 15,000 habitans.

Gallicie orientale.

D. Où est située cette province?

R. Au nord-est de la Hongrie, dont elle est séparée par les monts Krapacks.

D. Quelle est la capitale de la Gallicie occidentale?

R. *Lemberg*, archevêché, grande ville, peuplée de 20,000 âmes.

ARTICLE DIXIÈME.

ROYAUME DE PRUSSE.

D. Quelles sont les autres possessions du royaume de Prusse?

R. La Silésie prussienne, et la Prusse proprement dite, qui donne son nom à la monarchie.

D. Quelles sont les principales rivières du royaume de Prusse?

R. 1.º L'Oder, qui prend sa source à l'extrémité de la Silésie, traverse cette province dans toute sa longueur, puis le Brandebourg et la Poméranie, et va se jeter dans la mer Baltique; 2.º la Vistule, qui prend sa source en Silésie, traverse la Prusse et la Pologne, et se jette dans la mer Baltique.

Silésie Prussienne.

D. Qu'est-ce que la Silésie?

R. Un duché d'une grande étendue, qui est situé à l'est des royaumes de Saxe et de Bavière.

D. Comment se divise la Silésie?

R. En Silésie prussienne et Silésie autrichienne. La première est incomparablement la plus grande, et est au nord-ouest de l'autre; elle sépare le royaume de Saxe du duché de Varsovie.

D. Quelles sont les principales villes de la Silésie prussienne?

R. *Breslaw*, sur l'Oder, capitale de toute la Silésie, évêché. Cette ville renferme 66,000 habitans.

Glogaw, sur l'Oder.

Schweidnitz, place forte.

Glatz, *Oppelen* et *Ratibor*.

Prusse.

D. Qu'est-ce que la Prusse ?

R. Un royaume d'une médiocre étendue, qui est
situé à l'est de la Poméranie.

D. Comment divise-t-on la Prusse ?

R. En deux parties : la Prusse orientale et la Prusse
occidentale.

D. Quelles sont les principales villes de la Prusse
orientale ?

R. *Kœnisberg*, capitale de la province et de tout
le royaume, port, université, un peu au-dessus de
l'embouchure du Prégel ; c'est une grande et belle
ville, où l'on compte 52,000 âmes.

Pillau, sur la mer Baltique, port et place forte.

Memel, sur la même mer, port et place forte.

D. Quelles sont les principales villes de la Prusse
occidentale ?

R. *Marienbourg*, place forte.

Elbing, au nord, place forte, ville commerçante.

Dantzick, sur la Vistule, place forte, port. Cette
ville, qui est une des principales de l'Europe par son
commerce, et qui compte 56,000 habitans, appartient
au roi de Prusse, en vertu de l'acte du congrès de
Vienne.

ARTICLE ONZIÈME.

DES ILES BRITANNIQUES.

D. En quoi consistent les Iles Britanniques ?

R. Les îles Britanniques consistent en deux grandes
îles et plusieurs petites.

Les deux grandes sont :

1. La Grande-Bretagne, qui comprend le royaume d'Angleterre et celui d'Ecosse.

2. L'Irlande, qui est aussi un royaume.

Ces trois royaumes appartiennent au même roi, qui porte le titre de *Roi de la Grande-Bretagne*.

D. Où sont situées les Iles Britanniques?

R. Elles sont situées au nord de la partie occidentale de la France.

§. Ier *De l'Angleterre.*

D. Qu'est-ce que l'Angleterre ?

R. Un des trois royaumes formés par les îles Britanniques.

D. Quelles sont les bornes de l'Angleterre ?

R. Ses bornes sont, au nord, l'Ecosse; à l'Est, la mer du Nord ; au sud, le Pas-de-Calais et la Manche , qui la séparent de la France; à l'ouest, le détroit qui la sépare de l'Irlande.

D. Quelles sont les productions de l'Angleterre ?

R. Ce pays ne produit point de vins , non plus que tous les autres du nord; mais il est très-fertile en blé, et nourrit beaucoup de bestiaux, dont la laine est très-estimée.

D. Quelles sont les principales rivières de ce royaume ?

R. Ses principales rivières sont :

La Tamise, l'Humbert, à l'orient,

La Saverne , à l'occident.

D. Comment divise-t-on ce royaume ?

R. Il se divise en Angleterre à l'orient , et principauté de Galles à l'occident.

La première contient quarante comtés , et la seconde douze , qui portent presque tous le même nom que leur capitale.

D. Quelles sont les villes principales de l'Angleterre?

R. Les villes principales de l'Angleterre sont :

Yorck , archevêché, sur l'Ouse, capitale du comté d'Yorck, la deuxième ville d'Angleterre , au nord-est.

Lancastre , à l'occident d'Yorck, capitale du comté de Lancastre.

Bristol , évêché , vers l'embouchure de la Saverne, la troisième ville d'Angleterre : 68,645 habit.

Oxfort , sur la Tamise , évêché , université célèbre, capitale du comté d'Oxfort.

Londres, évêché, capitale de tout le royaume et du comté de Middlesex, sur la Tamise, port célèbre : population 1,000,000 d'habitans.

Cambridge, évêché, université, capitale du duché de Cambridge, au nord de Londres.

Cantorbéry, au sud-ouest de Londres, archevêché, primat du royaume, capitale du comté de Kent.

Douvres, port, vis-à-vis Calais.

D. Quelles sont les principales villes de la principauté de Galles?

R. *Carnarvon*, au nord-ouest.

Cardigan, au sud-ouest, vers le canal Saint-Georges, qui sépare cette principauté de l'Irlande.

D. Quelles sont les principales îles qui dépendent de l'Angleterre?

R. L'île de Man, au nord-ouest, capitale Douglas.

L'île de Wicht, au midi, capitale Nieuport.

Les îles de Guernesey et de Jersey, sur les côtes de France, capitales Saint-Pierre, Saint-Hélier.

§. II. *De l'Écosse*,

D. Qu'est-ce que l'Ecosse?

R. Un des trois royaumes formés par les îles Britanniques.

D. Où est située l'Ecosse?

R. Ce royaume est situé au nord de l'Angleterre; il est plus froid et moins fertile que ce dernier.

D. Quelles sont les rivières les plus considérables de l'Ecosse?

R. Le Tay, qui la traverse d'occident en orient, et la divise en Ecosse septentrionale et Ecosse méridionale.

La Spey, qui se jette dans la mer, au nord-est.

La Clyde, à l'ouest.

La Nith, au sud.

D. Quelles sont les principales villes de l'Ecosse septentrionale?

R. *Old-Aberdin*, évêché, université, sur la côte orientale.

D 4

New-Aberdin , port, capitale de la province de Marr , sur la côte orientale.

D. Quelles sont les principales villes de l'Ecosse méridionale ?

R. *Saint-André* , archevêché, université , capitale de la province de Fife.

Edimbourg , évêché, université, capitale de toute l'Ecosse et du Lothian.

Glascow , archevêché , sur la Clyde , capitale de la province du Clydesdale.

D. Quelles sont les principales îles de l'Ecosse ?

R. L'île d'Arran, à l'occident, capitale Brodwich.

L'île de Lewis, une des Hébrides, capitale Sovardel.

L'île d'Eust, la deuxième des Hébrides.

L'île de Mainland , la principale des Orcades, au nord de l'Ecosse, capitale Kirkwal.

§. III. *De l'Irlande.*

D. Qu'est-ce que l'Irlande ?

R. L'une des deux grandes îles Britanniques, et l'un des trois royaumes.

D. Où est située l'Irlande ?

R. A l'occident de la Grande-Bretagne.

D. Quelles sont les productions du royaume d'Irlande ?

R. On y recueille du blé , du miel ; le gibier et le poisson y sont communs ; le sol est très-abondant en pâturages.

D. Comment divise-t-on l'Irlande ?

R. En quatre parties , suivant les quatre points cardinaux.

1. L'Uster, ou Ultonie, au nord , qui renferme dix comtés.

2. Le Leinster , ou Lagénie , à l'est , qui a onze comtés.

3. Le Munster, ou Momonie, au sud, six comtés.

4. Le Connaught, ou Connacie, à l'ouest, cinq comtés.

D. Quelles sont les principales rivières de l'Irlande?

R. La Banne , qui se jette dans l'Océan , au nord.

La Boyne, qui se jette dans l'Océan, à l'est.

Le Blackwater, au sud.

Le Shannon, à l'ouest.

D. Quelle est la principale ville de l'Ultonie ?

R. *Armagh*, archevêché, capitale du comté d'Armagh.

D. Quelle est la principale ville de la Lagénie ?

R. *Dublin*, archevêché, université, capitale de tout le royaume, et en particulier du comté de Dublin, résidence du vice-roi.

D. Quelle est la principale ville de la Momonie ?

R. *Cashel*, ou *Cassel*, archevêché, capitale du comté de Tipperary.

D. Quelles sont les principales villes de la Connacie ?

R. *Galloway*, capitale du comté de ce nom.

Toam, archevêché, dans le comté de Galloway.

ARTICLE DOUZIÈME.
ÉTATS DU ROI DE DANEMARCK.

D. Quels sont les états du roi de Danemarck ?

R. Ils consistent principalement dans

Le Danemarck, au sud.

L'Islande, à l'ouest.

Le Holstein, qui fait partie de l'Allemagne.

§. I.er *Du Danemarck.*

D. Qu'est-ce que le Danemarck ?

R. C'est un royaume peu considérable, mais fort peuplé, dont les bornes sont, à l'occident et au nord l'Océan, à l'orient la mer Baltique.

D. Comment divise-t-on le Danemarck ?

R. Il se divise en terre-ferme et en îles.

D. Qu'est-ce que la terre-ferme ?

R. C'est une presqu'île qu'on nomme le Jutland, qui se partage en Nord-Jutland, Sud-Jutland, ou duché de Sleswick, et duché de Holstein.

D. Quelles sont les productions du Danemarck ?

R. Le terroir, quoiqu'entouré de mers, n'est pas marécageux : on y nourrit beaucoup de chevaux et de bœufs; la chasse et la pêche y sont abondantes.

D. Quelles sont les villes principales du Nord-Jutland?

R. *Albourg*, évêché.

Wibourg, évêché, sur le lac Water, capitale du Nord-Jutland.

Rypen, évêché, port, à l'occident.

D. Quelles sont les villes principales du Sud-Jutland?

R. *Tonderen*, à l'occident.

Sleswick, capitale du Sud-Jutland.

Iles du Danemarck.

D. Quelles sont les îles principales du Danemarck?

R. Les principales îles sont l'île de Seeland et la Fionie, dont les villes capitales sont :

Copenhague, évêché, capitale de tout le royaume, port, université, dans l'île de Seeland, résidence du roi de Danemarck.

Odensée, évêché, capitale de l'île de Fionie, apanage du fils aîné du roi.

§. II. *De l'Islande*.

D. Qu'est-ce que l'Islande?

R. Une grande île, située au nord-ouest de la Norwége, dont elle est très-éloignée. Elle appartient au roi de Danemarck.

D. Quelles en sont les villes principales?

R. *Skalholt*, évêché, capitale.

Hola, évêché au nord.

D. Qu'y a-t-il de remarquable dans cette île?

R. Le mont Hekla qui est un volcan, c'est-à-dire, une montagne qui jette du feu.

ARTICLE TREIZIÈME.

DE LA SUÈDE.

D. Qu'est-ce que la Suède?

R. Un royaume qui est autour de la mer Baltique; l'air y est froid; ce royaume est assez stérile, mais abondant en troupeaux, en renards et hermines, qui fournissent de belles fourrures.

D. Comment divise-t-on la Suède ?

R. On divise la Suède en cinq parties, savoir :

1. La Suède propre, à l'ouest de la mer Baltique,
2. La Gothie, au sud.
3. Le territoire de Bahus, à l'occident.
4. La Laponie Suédoise, au nord.
5. La Norwége.

D. Quelles en sont les principales rivières ?

R. Il n'y a en Suède de rivière remarquable que le Torn, qui se jette dans la mer Baltique.

D. Quelles sont les principales villes de la Suède ?

R. Les principales villes de la Suède sont ·

1.º Dans la Suède propre :

Stockholm, capitale de toute la Suède, et en particulier de l'Uplande, port.

Upsal, archevêché.

2.º Dans la Gothie :

Gothebourg, port, à l'ouest ; capitale du Westrogothland propre.

Lunden, évêché, capitale de la Scanie ou Schenen, au sud.

Calmar, à l'est, port, capitale du Smaland.

3.º Dans le territoire de Bahus :

Bahus, capitale du territoire de Bahus, cédée à la Suède par le Danemarck en 1678.

D. Comment divise-t-on la Laponie Suédoise ?

R. La Laponie se divise en six marches ou préfectures, qui n'ont pas de villes, excepté la 1.ʳᵉ, et qui prennent le nom des rivières qui les arrosent.

Ce sont du sud au nord :

Aosalha, lieu principal de la préfecture des Lapons d'Angermanie.

Les Lapons d'Uma.
——————— de Pitha.
——————— de Lula.
——————— de Tornea.
——————— de Kimi.

De la Norwège.

R. Qu'est-ce que la Norwège ?

R. Un royaume assez étendu, qui est situé au nord du Danemarck, dont il est séparé par l'océan. Il appartenoit au Danemarck, qui vient de le céder à la Suède.

D. Comment divise-t-on la Norwége?

R. Elle se divise en cinq gouvernemens, du sud au nord, savoir:

1. Christiansand.
2. Agerrhus.
3. Berghen.
4. Drontheim.
5. Wardus.

D. Nommez-en les capitales?

R. *Christiansand*, capitale du gouvernement de ce nom, évêché, port.

Christiania, capitale de tout le royaume et du gouvernement d'Agerrhus.

Berghen, archevêché, capitale du gouvernement de Berghen, port.

Drontheim, évêché, capitale du gouvernement de Drontheim, port.

ARTICLE QUATORZIÈME.

DE LA RUSSIE ou MOSCOVIE.

D. Qu'est-ce que la Russie?

R. Un vaste empire qui s'étend en Asie, et dont le souverain porte le titre d'*Empereur de toutes les Russies, et roi de Pologne.*

D. Qu'elles sont les bornes de la Russie?

R. La Russie confine, du côté de l'Europe, à la Laponie suédoise, à la Prusse, au royaume de Pologne, qui appartient à l'empereur; à l'empire d'Autriche, à la Turquie d'Europe; et du côté de l'Asie, elle est bornée par la Perse, la Tartarie indépendante, et la Tartarie chinoise: elle s'étend par le nord-est de l'Asie, jusqu'à l'Amérique, dont elle n'est séparée que par le détroit de Behring.

D. Comment divise-t-on la Russie d'Europe?

R. La Russie d'Europe peut se partager en partie

septentrionale, partie du centre, partie du sud, partie de l'est, partie du S. E. et partie de l'ouest. Chacune de ces parties se subdivise en gouvernemens.

D. Quelles sont les principales rivières de la Russie?

R. Le *Wolga*, qui traverse la Russie européenne de l'ouest à l'est, et se jette dans la mer Caspienne, en Asie, et au-dessous d'Astracan.

Le *Don*, qui coule du nord au sud, en faisant un grand circuit, et se décharge dans la mer d'Azof, au-dessous d'Azof.

La *Duna*, qui se forme du concours des rivières de Sulma et du Joug, et se jette dans la mer Blanche, au nord de la Russie?

D. Quels sont les principaux lacs de la Russie?

R. Les principaux lacs de la Russie sont ceux de Ladoga et d'Onéga, vers la Finlande.

D. Combien la partie septentrionale de la Russie renferme-t-elle de gouvernemens?

R. Elle en renferme treize, dont voici les noms :

GOUVERNEMENS.	CAPITALES.
FINLANDE,	*Abo.*
WIBOURG,	*Wibourg.*
OLONEC,	*Olonec.*
ARCHANGEL,	*Archangel.*
ESTONIE,	*Revel.*
SAINT-PÉTERSBOURG,	*Saint-Pétersbourg.*
NOVOGOROD,	*Novogorod-Veliki.*
VOLOGDA,	*Vologda.*
LIVONIE,	*Riga.*
PSKOF,	*Pskof.*
TWER,	*Twer.*
JEROSLAW,	*Jeroslaw.*
KOSTROMA,	*Kostroma.*

D. Qu'elles sont les principales villes de la partie septentrionale de la Russie?

R. *Saint-Pétersbourg*, capitale de toute la Russie, sur le golfe de Finlande, port.

Revel, port, sur le même golfe.

Riga, près de l'embouchure de la Duna.

Novogorod-Weliki, ou Novogorod la grande, ville commerçante.

Archangel, archevêché.

D. Combien la partie du centre comprend-t-elle de gouvernemens?

R. Elle en comprend treize, dont voici les noms : Smolensk, Moscow, Wolodimir, Nisnei-Novogorod, Kaluga, Tula, Riazan, Tambow, Orel, Koursk, Woronez, Czernigow, et l'Ukraine : tous ces noms sont ceux des capitales respectives, à l'exception du gouvernement de l'Ukraine, dont la capitale se nomme Charkow.

D. Quelles sont les principales villes de cette partie de la Russie?

R. *Moscow*, archevêché, deuxième capitale de la Russie : cette ville vient d'être détruite ; on la rebâtit.

Smolensk, ville forte, sur le Dnieper.

Koursk, ville assez peuplée.

Niznei-Novogorod, ou Novogorod la Basse, près du Wolga.

D. Quels sont les gouvernemens de la partie sud.

R. Ils sont au nombre de trois, les voici :

GOUVERN.		CAPITALES.	
Kiow,			*Kiow.*
Catherinoslaw,			*Catherinoslaw.*
La Tauride,			*Caffa.*

Le gouvernement de la Tauride est formé de la petite Tartarie, qui n'a pas de villes, et de la Crimée, presqu'île de la mer Noire, dont les principales villes sont :

Caffa, capitale, au sud-est, sur la mer Noire.

Bachaserai.

D. Quels sont les gouvernemens de l'est?

R. Il y en a sept, dont voici les noms, qui sont aussi ceux de leurs capitales respectives.

Perm, Wiatka, Orenbourg, Kasan, Simbirsk, Penza, et Saratow.

D. Quelles sont les principales villes de cette partie de la Russie?

R. *Orenbourg*, sur la Jaïck; entrepôt de l'Asie pour le commerce.

Kasan, évêché, sur la rive gauche du Wolga, ville riche et bien peuplée.

D. Quels sont les gouvernemens de la partie S. E.?

R. Elle renferme trois gouvernemens, savoir

Le gouvernement des Cosaques du Don et de la mer Noire, capitale *Tcherkask*.

—— D'Astracan,   *Astracan*.

—— Du Caucase,   *Georgiensk*.

D. Quelles sont les principales villes de la partie sud-est?

R. *Tcherkask*, sur le Don; ville qui fait un assez grand commerce.

Astracan, archevêché, dans l'île de Dolgoi, formée par le Wolga, près de son embouchure; c'est une ville commerçante et très-peuplée.

D. Combien la partie ouest renferme-t-elle de gouvernemens?

R. Elle en renferme neuf, dont voici les noms :

GOUVERNEMENS.	CAPITALES.
WITEPSK,	*Witepsk.*
MOHILOW,	*Mohilow.*
COURLANDE,	*Mittaw.*
WILNENSK,	*Wilna.*
GRODNENSK,	*Grodno.*
MINSK,	*Minski.*
VOLINSK,	*Zitomiers.*
PODOLIE,	*Kaminieck.*
KERSON,	*Kerson.*

D. Quelles sont les principales villes de cette partie de la Russie?

R. *Kaminieck*, évêché, place forte.

Wilna, évêché; ville grande et bien peuplée.

Grodno, sur le bord du Niemen.

Brzescie, sur le Bog; ville fortifiée.

Minski, ville forte, qui a deux citadelles.

Witepsk, ville forte, commerçante, sur la Duna.

Mittaw, ville forte, bien bâtie, et bien peuplée.

ROYAUME DE POLOGNE.

D. Qu'est-ce que la Pologne?

R. La Pologne étoit un royaume borné au couchant par l'Allemagne; au midi par la Hongrie, la Moldavie et la Transylvanie; à l'orient par la Russie; et au nord par la Russie, la Prusse et la mer Baltique.

D. Quel en étoit le gouvernement?

R. Il étoit monarchique et aristocratique; ce royaume étoit électif. Chaque élection donnoit lieu à des troubles qui aboutirent enfin à un démembrement total du royaume fait par les Autrichiens, les Russes et le roi de Prusse.

D. Comment divisoit-on la Pologne?

R. La Pologne, avant les partages qu'on en a faits, étoit divisée en trois grandes parties; la grande Pologne au nord-ouest, la petite Pologne au sud, la Lithuanie au nord-est. Chacune de ces parties se subdivisoit en provinces ou palatinats.

D. Combien la grande Pologne renfermoit-elle de palatinats?

R. Elle en avoit douze, savoir : ceux de Pomérélie, Marienbourg, Culm, Posnanie, Gnesne, Kalish, Lencienza, Siradie, Ploczko, Rava, Mazovie, Podlaquie.

D. Combien la petite Pologne avoit-elle de palatinats?

R. Elle en avoit neuf, ceux de Sandomir, Lublin, Chelm, Cracovie, Belez, Lemberg, Volhinie, Podolie, Ukraine.

D. Combien y avoit-il de palatinats dans la Lithuanie?

R. La Lithuanie se divisoit en dix palatinats: Courlande, Samogitie, Troki, Wilna, Poloczk, Witepsk, Novogrodeck, Minsk, Mcislaw, Polésie.

D. A quelle époque la Pologne a-t-elle été démembrée?

R. Il y a eu trois démembremens : d'abord en 1772, les Russes, les Autrichiens et le roi de Prusse, s'emparèrent des provinces qui étoient limitrophes à leurs états. En 1793 et en 1795, ils achevèrent de se partager le reste de la Pologne.

D. Quel a été le lot de chacune de ces puissances, dans les divers partages?

R. La Russie s'est emparée du duché de Lithuanie et d'une portion de la petite Pologne; l'Autriche réunit le reste de cette dernière à ses états sous le nom de Gallicie; enfin le roi de Prusse avoit eu pour son partage la grande Pologne.

D. Les puissances co-partageantes sont-elles encore en possession des portions de la Pologne qui leur étoient échues?

R. Le roi de Prusse a perdu, dans les dernières guerres, presque tout ce qu'il avoit acquis par les partages de la Pologne : ces provinces, jointes à une partie de la Gallicie, ou petite Pologne, cédée par l'Autriche, ont formé depuis le grand duché de Varsovie, et forment aujourd'hui le royaume de Pologne, qui a été donné, par l'acte du congrès de Vienne, à l'empereur de Russie, à l'exception du département de Posen, qui passe sous la domination du roi de Prusse.

D. Comment divise-t-on la Pologne?

R. En six départemens, non compris la Gallicie occidentale, qui en fait partie.

D. Quels sont les noms de ces six départemens?

R. Ils portent le nom de leurs chefs-lieux, qui sont Lomzza, Bromberg, Kalish, Varsovie, Plocsko, Posen, qui a été donné au roi de Prusse.

R. Quelles sont les principales villes du duché de Varsovie?

R. *Varsovie*, capitale de tout le duché, sur la Vistule : la population excède 60,000 habitans.

Thorn, sur la Vistule, 10,000 habitans.

Plocsko, sur la Vistule.

D. Quelles sont les principales villes de la Gallicie occidentale?

R. *Cracovie*, sur la Vistule, 24,000 habitans, ville déclarée libre par acte du congrès de Vienne.

Opatow, Sandomir, Lublin.

ARTICLE QUINZIÈME.

DE LA TURQUIE D'EUROPE.

D. Qu'est-ce que la Turquie?

R. Un grand empire qui s'étend en Europe, en Asie et en Afrique, et dont le chef s'appelle *Sultan, Grand-Turc, Grand-Seigneur*.

D. Quelles sont les bornes de cet empire?

R. Il est borné au nord par l'empire d'Autriche et la Russie, à l'orient par la mer Noire et l'Archipel, au sud par la mer Méditerranée, et à l'ouest par le golfe de Venise et l'Illyrie.

D. Comment divise-t-on la Turquie d'Europe?

R. On la divise en septentrionale et méridionale; celle-ci est la Grèce.

D. Quelles sont les rivières les plus remarquables de la Turquie d'Europe?

R. Le Danube, dont on a déjà parlé; et le Mariza, en Romanie, lequel passe à Andrinople, et se jette dans l'Archipel.

§. I.er *De la Turquie Septentrionale.*

D. Combien la Turquie septentrionale d'Europe renferme-t-elle de provinces?

R. Elle en renferme neuf, savoir : une vers la mer Noire, c'est la *Bessarabie*; deux vers la Transylvanie, la *Moldavie* et la *Valachie*; deux sur le golfe de Venise, la *Croatie* et la *Dalmatie*; trois vers le Danube d'occident en orient, la *Bosnie*, la *Servie*, la *Bulgarie*; une enfin qui est bornée à l'orient par la mer Noire, la *Romanie*.

D. Quelles sont les principales villes de la Turquie septentrionale?

R. *Oczacow*, capitale des Tartares de ce nom, à l'embouchure du Dnieper, dans la mer Noire.

Akermar, sur la mer Noire, à l'embouchure du Niester, capitale des Tartares de Budziac, toutes deux dans la Bessarabie.

Jassy, capitale de la Moldavie.

Tercovisck, capitale de la Valaquie.

Bucharest, aussi en Valaquie.

Vihitz, ou *Bihack*, capitale de la Croatie turque.

Mostar, capitale de la Dalmatie turque.

Banialuca, capitale de la Bosnie.

Belgrade, sur le Danube, capitale de la Servie.

Sophie, capitale de la Bulgarie.

Constantinople, ou *Stambol*, capitale de toute

la Turquie, et en particulier de la Romanie, port, sur le détroit de son nom, qui joint la mer de Marmara avec la mer Noire.

Andrinople, sur la *Mariza*, dans la même province.

Le Grand-Seigneur réside ordinairement à Constantinople ; dans l'été il va à Andrinople, à cause de la bonté de l'air.

§. II. *De la Turquie méridionale*, ou *Grèce*.

D. Qu'est-ce que la Turquie méridionale ou Grèce?

R. *La Grèce* est une grande presqu'île qu'on divise en terre-ferme et en îles.

D. Comment divise-t-on la terre-ferme ?

R. La terre-ferme se divise en quatre provinces, savoir :

1. La Macédoine, au nord.
2. L'Albanie, à l'ouest.
3. La Livadie, }
4. La Morée, } au sud.

D. Quelles sont les villes principales de la Turquie méridionale?

R. *Salonique*, au fond du golfe de ce nom, capitale de la Macédoine.

Janna, aussi dans la Macédoine.

Scutari, capitale de l'Albanie, évêché.

La Preveza, sur le golfe de Larta, aussi dans l'Albanie.

Atina, ou *Setine*, autrefois *Athènes*, archevêché, capitale de la Livadie.

Lépante, à l'entrée du golfe de ce nom, dans la même province.

Corinthe, près de l'isthme de ce nom, au nord-est, capitale de la Morée.

Misitra, au midi, autrefois *Sparte*.

D. Où sont les îles de la Turquie d'Europe ?

R. Elles sont situées dans l'Archipel, qui sépare la Grèce de l'Asie mineure.

D. Quelles sont les plus grandes de ces îles ?

R. Les îles de Candie et de Negrepont, la

première au sud-est de la Morée, la deuxième à
l'orient de la Livadie.

D. Quelles en sont les villes principales?

R. *Candie*, capitale de l'île du même nom.

La Canée, port, dans la même île.

Negrepont, capitale de l'île de ce nom.

CHAPITRE SECOND.

DE L'ASIE.

D. Qu'est-ce que l'Asie?

R. C'est une des quatre parties du monde, et la
plus considérable par son étendue et sa population.
Voyez-en ci-contre la carte et la description.

D. Quelles sont les bornes de l'Asie?

R. L'Asie est bornée au nord par la mer Glaciale;
à l'est par l'Océan oriental, partie de la mer du Sud,
et par le détroit de Behring, qui la sépare de l'Amérique; au sud par la mer des Indes, et à l'ouest par
l'Afrique et l'Europe.

D. Quelles sont les plus grandes chaines de montagnes de l'Asie?

R. Les plus considérables sont :

1. Le mont Taurus, qui traverse toute la Natolie
   et la Perse.
2. Les monts de Pierre, } au nord,
3. Les monts de Noss,

D. Comment divise-t-on l'Asie?

R. On la divise en 7 parties principales, savoir :

1. La Turquie d'Asie.
2. L'Arabie.
3. La Perse.
4. L'Inde, qui contient l'Indostan, et les deux
   presqu'îles en-deçà et au-delà du Gange.
5. La Chine.
6. La Tartarie, qui comprend la Russie d'Asie.

La septième partie consiste en un grand nombre
d'îles.

D. Quels sont les principaux fleuves de l'Asie?

Cette partie du monde est la plus anciennement policée. C'est en ASIE
que les historiens sacrés ont placé le berceau de nos parens, et on trouve
encore les traces du Paradis terrestre sous le ciel de l'Inde. De grandes
cités fleurirent dans cette partie du monde, avant que l'on parlât de Rome
de Carthage : Ninive, Babylone, si l'on croit les descriptions que l'anti-
quité nous a conservé, étoient bien supérieures à nos plus grandes villes ;
mais peu à peu la gloire de l'Asie a disparu du globe, et il ne lui est resté de
sa richesse que la beauté de son climat qui produit, presque sans culture,
tout ce qui est nécessaire à la vie : aussi ses heureux habitans furent plus em-
pressés que les autres à se procurer les jouissances du luxe, et la magnificence
asiatique est passée en proverbe. C'est dans les contrées de l'Asie que l'on
inventa les porcelaines, les étoffes de soie, les tapis, les parfums exquis ; et
si nous avons surpassé en ce genre les Asiatiques, nous devons toujours les
regarder comme nos premiers maîtres dans les arts qui rendent la vie agréable et commode ; aussi tous les peuples du monde désirent de commercer
avec eux.

R. Les principaus fleuves sont :

Le Tigre,   ⎱ qui se jettent dans le golfe
L'Euphrate,   ⎰   Persique.

L'Indus, qui se décharge au sud-ouest dans la mer des Indes.

Le Gange, qui se jette au sud dans le golfe du Bengale.

Le Hoan et le Kian, qui traversent la Chine de l'ouest à l'est, et se jettent dans l'Océan oriental.

L'Oby,   ⎱ qui se rendent dans la mer
Le Jéniséa, ⎰   Glaciale.

L'Amur, qui se jette dans l'Océan, au nord-est de l'Asie.

ARTICLE PREMIER.

DE LA TURQUIE D'ASIE.

D. Comment divise-t-on la Turquie d'Asie?

R. La Turquie d'Asie se divise en 4 grandes régions, chacune d'elles se subdivise en gouvernemens ou pachalicks. Les 4 grandes régions sont :

1. La Natolie.
2. La Syrie.
3. La Turcomanie.
4. Le Diarbeck.

Auxquelles il faut joindre les îles qui sont situées dans la mer Méditerranée.

§. I.er *De la Natolie.*

D. Qu'est-ce que la Natolie?

R. C'est une grande presqu'île qui se divise en sept gouvernemens : on l'appelle aussi le Levant.

Les noms des gouvernemens sont :

1. Anadoli.
2. Sivas.
3. Trebisonde.
4. Caramanie.
5. Aladulie.
6. Adana.
7. L'île de Chypre.

D. Nommez les villes principales de la Natolie?

R. *Chiutaye*, capitale de l'Anadoli.

Burse, au nord.

Smyrne, à l'occident, sur l'Archipel, port fameux.

Cogny, capitale de la Caramanie.

Amasie, vers la mer Noire, dans le Sivas.

Sivas, au sud-est d'Amasie, capitale du Sivas, résidence du pacha.

Malathia, près l'Euphrate, dans l'Aladulie.

§. II. *De la Syrie.*

D. Comment divise-t-on la Syrie?

R. Elle se divise en six gouvernemens, qui portent les noms de leurs capitales, savoir :

Alep, Tripoli, Seyde, Damas, Jérusalem, Adgeloun.

D. Nommez les principales villes de la Syrie.

R. *Alep*, au milieu des terres.

Damas, vers l'orient, résidence du pacha.

Tripoli, sur la mer Méditerranée.

Jérusalem.

Gaza, port, sur la mer Méditerranée.

§. III. *De la Turcomanie.*

D. Quelle en est la principale ville?

R. *Erzerum*, près la source de l'Euphrate.

§. IV. *Du Diarbeck.*

D. Comment divise-t-on le Diarbeck?

R. Il se divise en

Diarbeck propre, à l'ouest.

Yrac-Arabi, au sud.

Curdistan, à l'est.

D. Quelles en sont les principales villes?

R. *Diarbékir*, capitale du Diarbeck propre, sur le Tigre.

Mosul, sur le Tigre.

Bagdad, sur le Tigre, capitale de l'Yrac-Arabi.

Betlis, capitale du Curdistan, résidence du plus puissant des émirs des Curdes.

§. V. *Des îles de la Turquie d'Asie.*

D. Quelles sont les îles les plus remarquables de la Turquie d'Asie?

R. Les plus remarquables de ces îles, qui sont dans la Méditerranée, sont :

1. Chypre.
2. Rhodes.

D. Quelles sont les villes principales?

R. *Nicosie*, capitale de l'île de Chypre.

Famagouste, port.

Rhodes, capitale de l'île de ce nom.

ARTICLE SECOND.
DE L'ARABIE.

D. Qu'est-ce que l'Arabie?

R. C'est une grande presqu'île, bornée à l'occident par la mer Rouge et l'isthme de Suez, qui la sépare de l'Afrique; au midi, par la mer des Indes; à l'orient, par le golfe Persique et l'Yrac-Arabi; et au nord, par la Syrie et le Diarbeck, dont elle est séparée par l'Euphrate.

D. Quelles sont les productions de ce pays?

R. Ce pays, qui est très-sec, produit de l'encens, du baume et du café excellent.

D. Comment divise-t-on l'Arabie?

R. L'Arabie se divise en trois parties, du nord au sud.

1. Arabie pétrée.
2. Arabie déserte.
3. Arabie heureuse.

D. Quelles sont les principales villes de l'Arabie?

R. *Tor*, port, sur la mer Rouge, principale ville de l'Arabie pétrée.

Médine, *La Mecque*, capitales des états des chérifs de ce nom, dans l'Arabie déserte : la première a le tombeau de Mahomet, et la seconde est le lieu de sa naissance.

Moab, capitale du royaume d'Yémen, dans l'Arabie heureuse.

Abr. de Géogr.   E

Moka, port, célèbre par son excellent café.

Fartach, au sud, capitale du royaume de ce nom.

Mascate, port, à l'orient : elle dépend d'un prince qui prend le nom de Calife.

Elcatif, port, sur le golfe Persique.

ARTICLE TROISIÈME.

DE LA PERSE.

D. Qu'est-ce que la Perse?

R. Un royaume fort ancien, qui est borné à l'occident par le Curdistan et l'Yrac-Arabi, qui sont de la Turquie Asiatique; au nord, par la Géorgie, la Circassie, la mer Caspienne et le pays des Usbecks; à l'orient, par l'Inde; et au midi, par le golfe Persique et la mer des Indes.

D. Quelles sont les productions de la Perse?

R. La Perse produit d'excellens fruits, du vin, du riz, etc. : on en tire beaucoup de soie.

D. Comment divise-t-on la Perse?

R. La Perse se divise en quinze provinces.

D. Quels sont les noms de ces quinze provinces?

R. 1. Le Dagestan,
2. La Turcomanie orientale ou l'Iran, } au nord-ouest.
3. L'Aderbijan,
4. Le Chirvan,
5. Le Ghilan, } au nord et sur la mer Caspienne.
6. Le Massanderan, ou Tabristan,
7. Le Khorasan, } aussi au nord, mais au midi du pays des Usbecks.
8. Le Candahar,
9. L'Yrac-Agemi, } dans le milieu, d'occident en orient.
10. Le Segestan,
11. Le Sablestan,
12. Le Khusistan, } au midi, le long du golfe Persique et de la mer des Indes.
13. Le Farsistan,
14. Le Kerman,
15. Le Mecran,

D. Quelles sont les villes principales de la Perse?

R. *Tarcou*, capitale du Dagestan, sur la mer Caspienne.

Erivan, capitale de la Turcomanie orientale, près de l'Araxe.

Tauris, capitale de l'Aderbijan, seconde ville de la Perse.

Chamaki, capitale du Chirvan.

Recht, près la mer Caspienne, capitale du Ghilan.

Ferabad, près la même mer, capit. du Massanderan.

Hery ou *Heray*, capitale du Khorasan.

Candahar, capitale du Candahar.

Ispahan, anciennement capitale de l'Yrac-Agemi et de toute la Perse, sur le Zenderouth.

Teheran, sur le Jageron, capitale actuelle de l'Yrac-Agemi et de toute la Perse.

Zarand, capitale du Segestan, près l'Inomed.

Bost, sur l'Inomed, capitale du Sablestan.

Suster, capitale du Khusistan.

Chiras, capitale du Farsistan.

Kerman, capitale du Kerman.

Bander-Abassy ou *Gomran*, sur le golfe Persique.

Tis ou *Mecran*, port, dans le Mecran, au sud.

ARTICLE QUATRIÈME.

DE L'INDE.

D. Qu'est-ce que l'Inde ?

R. L'Inde est une vaste contrée, qui a reçu son nom du fleuve Indus, ou Sinde, et qui se divise en trois parties, savoir :

1. L'Indostan, au nord.

2. La presqu'île en-deçà du Gange, ou occidentale.

3. La presqu'île au-delà du Gange, ou orientale.

D. Quelles sont aujourd'hui les principales puissances de l'Inde ?

R. Les trois principales puissances de l'Inde, en n'y comprenant pas la presqu'île au-delà du Gange, sont : la *Compagnie anglaise des Indes*, les *Marattes* et le *Nisam* ou *Soubab du Dékan*. On peut y joindre les *Seiks*, et ce qu'on appelle l'empire des *Afghans*.

E 2

Empire des Afghans.

D. Qu'est-ce que l'empire des Afghans?

R. C'est un empire très-récent, qui s'est formé d'usurpations faites sur plusieurs provinces de la Perse et des Indes.

D. Quelle en est la principale ville?

R. *Cachemire*, où se fabriquent les beaux schals si connus sous ce nom.

États des Seiks.

D. Quelles sont les principales villes des états des Seiks?

R. *Lahor*, capitale, grande et belle ville, où résidoient autrefois les Mogols, dont l'empire est détruit.

Tata, vers l'embouchure de l'Indus.

Cabul, ville forte et commerçante.

Marattes.

D. Comment divise-t-on les Marattes?

R. On les divise en occidentaux et orientaux.

D. Quelles sont les principales villes des Marattes occidentaux?

R. *Delhi*, sur le Gemma; cette ville est en ruines.

Agra, sur la même rivière, vers le midi; ville grande, bien bâtie et bien peuplée.

Amadabad, ville peuplée et commerçante.

Cambaye,
Surate, } vers l'entrée du golfe de Cambaye.

Les Anglais ayant la citadelle de Surate, on peut les regarder comme maîtres de la ville.

D. Quelles sont les principales villes des Marattes orientaux?

R. *Negpour*, capitale.

Visapour, ville considérable, qui a dans son voisinage des mines de diamans.

Jagrenat, près des bords de la mer.

Possessions Anglaises.

D. Comment se divisent les possessions anglaises dans l'Inde?

R. Les possessions anglaises peuvent se diviser

en quinze provinces; 1.º le Bengale; 2.º le Bahar;
3.º le Bénarez; 4.º les cinq Circars, ou cinq provinces
situées entre la côte d'Orixa et celle de Coromandel,
dont voici les noms : Ciacole, Raja-Mondry, Ellore,
Condapilly et Gountour; 5.º le Carnate; 6.º le Tanjaour; 7.º le Maduré. Les provinces suivantes formoient
les états de Tippoo-Saëb, qui sont actuellement pos-
sédés par les Anglais, savoir : 8.º le Travancor; 9.º le
district de Cochin; 10.º le Dindigal; 11.º le Coimbou-
tour ; 12.º la province de Nayres; 13.º le Canara ;
14.º le Maïssour; 15.º enfin le district de Bombay.

D. Quelles sont les principales villes des possessions anglaises dans l'Inde?

R. *Calcutta*, sur le bras occidental du Gange, ville
principale du Bengale et de toutes les possessions anglaises : le gouverneur-général de l'Inde y réside.

Ougly,
Duca,   } aussi dans le Bengale. Chander-
Chandernagor,   nagor étoit aux Français.

Masulipatan, ville autrefois très-florissante, mais
très-déchue de sa prospérité, dans le Circar de Condapilly.

Paliacat, dans le Carnate, sur la côte orientale
de la presqu'île en-deçà du Gange, qu'on nomme côte
de Coromandel. Paliacat étoit aux Hollandais.

Madras, ville très-grande et très-peuplée, aussi
dans le Carnate.

Gingi,
Pondichéry,   } dans la même province. Pondi-
Tranquebar,   chéry appartenoit aux Français.

Negapatan, dans le Tanjaour, port et place forte,
étoit aux Hollandais.

Maduré, capitale de la province de ce nom.

Tutucurin, sur la côte, dans la même province,
étoit aux Hollandais.

Cochin, dans le district de ce nom, ville considérable qui appartenoit aux Hollandais.

Granganore, dans le même district, appartenoit
aux Hollandais.

Calikut, dans la province de Nayres,

Mangalor, capitale du Canara.

Barcelore,
Onore, } dans la même province.

Seringapatam, dans le Maïssour, étoit la capitale des états de Tippoo-Saëb.

Bombay,
Bacim, } dans le district de Bombay.

A 40 mille des possessions anglaises, est

Goa, archev., port: elle appartient aux Portugais.

États du Soubab du Dékan.

D. Quelles sont les principales villes du Dékan?

R. *Brampour*, capitale, ville commerçante.

Golconde, capitale d'un ancien état de ce nom, si célèbre par ses diamans. Cette ville est une des plus grandes de l'Inde.

De la presqu'île au-delà du Gange, ou orientale.

D. Comment divise-t-on la presqu'île au-delà du Gange?

R. On peut la partager en quatre parties principales:

1. La partie septentrionale qui comprend du nord au sud les royaumes d'Asem, de Tipra, d'Aracan, d'Ava et de Pégu, ces trois derniers formant ce qu'on appelle l'empire des Birmans.

2. La partie du milieu, qui renferme le royaume de Laos.

3. La partie du midi, qui renferme le royaume de Siam et la presqu'île de Malaca, au roi de Siam.

4. La partie orientale, qui comprend les royaumes de Tonquin, de la Cochinchine et de Camboge.

Partie septentrionale.

D. Quelles sont les principales villes de la partie septentrionale?

R. *Chamdara*, capit. du royaume d'Asem, au nord.

Marcaban, capitale du royaume de Tipra.

Aracan, capitale du royaume de ce nom.

Ava, anciennement capitale du royaume du même nom; ville tombée en ruines.

Ummerapoura, sur la rivière d'Ava, capitale actuelle du royaume d'Ava.

Pégu ou *Pégou*, capitale du royaume de ce nom.

Partie du milieu.

D. Quelle est la ville principale de la partie du milieu?

R. *Leng*, capit. du royaume de Laos, sur le Mecon.

Partie méridionale.

D. Quelles sont les principales villes de la partie méridionale?

R. *Siam*, capitale du royaume de ce nom.

Malaca, aux Hollandais, port, dans la presqu'île du même nom.

Partie orientale.

D. Quelles sont les principales villes de la partie orientale?

R. *Kecho*, capitale du royaume de Tonquin.

Faifo, port, dans la Cochinchine.

Camboge ou *Leveck*, capitale du royaume de Camboge.

ARTICLE CINQUIÈME.
DE LA CHINE.

D. Qu'est-ce que la Chine?

R. La Chine est un vaste empire dont le gouvernement est despotique. Il est très-peuplé, fertile et bien cultivé; ses habitans sont ingénieux, et sa police admirable.

D. Quelles sont les bornes de la Chine?

R. La Chine est bornée au nord par la Tartarie, dont elle est séparée par une muraille qui a cinq cents lieues de long; à l'occident, par de hautes montagnes et des déserts; au midi, par les royaumes de Tonquin, de Laos et de Cochinchine, et par l'Océan, qui la borne aussi à l'orient.

D. Quelles sont les principales rivières de la Chine?

R. Les principales rivières de la Chine sont le Hoang, ou rivière jaune, et le Kiang, ou rivière bleue.

D. Comment la Chine se divise-t-elle?

R. Le fleuve Kiang la divise en deux parties, septentrionale et méridionale.

La première contient six provinces, de l'ouest à l'est; la seconde contient neuf provinces.

D. Quelles sont les six provinces de la partie septentrionale?

R. 1. Le Chensi.

2. Le Chansi.

3. Le Pecheli.

4. Le Changtong.

5. Le Setchuen, à l'occident.

6. Le Honang, au milieu.

D. Quelles sont les neuf provinces de la partie méridionale?

R. 1. Le Kiangnan, ou Nankin, à l'orient.

2. Le Houquang, au milieu.

3. Le Kiangsi,
4. Le Chehian, } au sud-est.
5. Le Fokien,

6. Le Quangtong, } au sud.
7. Le Quangsi,

8. Le Queicheou, } au sud-ouest.
9. Le Younan,

Au nord-est, se trouve le royaume de Corée, qui est tributaire de la Chine.

§. I.er *Des provinces septentrionales.*

D. Quelles sont les principales villes de la partie septentrionale?

R. *Singan*, capitale du Chensi.

Tayven, capitale du Chansi.

Pékin, capitale de tout l'empire de la Chine et du Petcheli, résidence de l'empereur de la Chine, qui est Tartare d'origine.

Tsinan, au sud-est de Pékin, capitale du Changtong.

Tchington, sur le Kiang, capitale du Setchuen.

Caifong, sur le fleuve Honan, capitale du Honan

§. II. *Des provinces méridionales.*

D. Quelles sont les principales villes de la partie méridionale ?

R. *Nankin*, capitale du Kiangnan, presque à l'embouchure du Kiang, seconde ville de la Chine, port.

Voutchan, sur le Kiang, capitale du Houquang.

Nantchang, capitale du Kiangsi.

Hantcheou, capitale du Chekian.

Foutcheou, capitale du Fokien.

Taiouan, capitale de l'île de Formose, île vis-à-vis le Fokien.

Quangtcheou, port, capitale du Quangtong, dont dépendent les îles de Hainan, dont la capitale est Kuntcheow, et Macao, qui a pour capitale Macao, aux Portugais.

Queiling, capitale du Quangsi.

Queyan, capitale du Queicheou.

Yunnan, capitale de l'Yunnan ou Younan.

Sior, capitale du royaume de Corée.

ARTICLE SIXIÈME.

DE LA GRANDE TARTARIE.

D. Qu'est-ce que la grande Tartarie ?

R. La Tartarie est une vaste région de l'Asie, qui s'étend au nord, depuis la Turquie d'Asie, la Perse, l'Inde, et la Chine, jusqu'à la mer Glaciale.

D. Comment divise-t-on la grande Tartarie ?

R. Elle se divise en trois parties, dont les deux premières sont au midi, savoir :

1. La Tartarie chinoise.

2. La Tartarie indépendante.

3. La Tartarie russe, ou la Russie asiatique, occupe tout le nord.

§. I.er *De la Tartarie chinoise.*

D. Où est située la Tartarie chinoise ?

R. Elle est située à l'orient de la Tartarie indépendante, et séparée de la Chine par la grande muraille.

D. Comment partage-t-on la Tartarie chinoise ?

R. On la partage en partie orientale et partie occidentale; à l'occident sont les pays tributaires de la Chine.

La partie orientale est appelée le pays des Montchéoux ou Nyuches, et comprend le Leaoton; la partie occidentale se nomme pays des Mongols ou Mugales, dont il y en a de deux sortes, les Mugales noirs, qui sont tributaires de la Chine, et les Mugales jaunes, qui sont sous sa protection. Les seconds n'ont pas de villes remarquables.

D. Quelles sont les principales villes de la Tartarie chinoise?

R. *Mugden*, capitale des Tartares Mantchéoux.

Kirin, capitale d'un gouvernement de ce nom, sur le Songari, ou Singal.

Titcicar, capitale d'un gouvernement du même nom : ville nouvellement bâtie.

Pays tributaires de la Chine.

D. Quels sont les pays tributaires de la Chine?

R. Ces pays, qui faisoient autrefois partie de la Tartarie indépendante, sont : 1.º les Eleuths ou Calmoucks ; 2.º le Thibet.

Eleuths.

D. Où sont situés les états des Eleuths?

R. Ils sont situés à l'extrémité occidentale de l'empire chinois.

D. Quelles en sont les principales villes?

R. *Cialis*, capitale, au sud-est.

Turfan, capitale du pays du même nom.

Yarken, *Cachar*, *Cotan*, } principales villes de la petite Bucharie.

Thibet.

D. Qu'est-ce que le Thibet?

R. Le Thibet est un pays considérable, situé au midi des Eleuths.

D. Quelle en est la principale ville?

R. *Lassa*, capitale.

§. II. *Tartarie indépendante.*

D. Quelles sont les bornes de la Tartarie indépendante?

R. Cette partie de la Tartarie, est bornée au nord par la Tartarie russe, au midi par la Perse et les Indes, à l'occident par la mer Caspienne, à l'orient par la Tartarie russe et l'empire Chinois.

D. Quelles sont les principales villes de la Tartarie indépendante?

R. *Samarcande*, entre le Gihon et le Sirk, capitale,

Balck, au sud, près du Gihon,

Bochara, sur le Gihon, à l'ouest de Samarcande,

} dans la grande Bucharie.

Corcang, capitale du royaume de ce nom.

§. III. *De la Tartarie russe, ou Russie asiatique.*

D. Où est située la Tartarie russe?

R. Au nord de l'empire chinois; elle comprend la Géorgie, la Circassie et la Sibérie : cette dernière se divise en deux gouvernemens, ceux de Tobolsk et d'Irkutsk.

D. Quelles sont les principales villes de la Tartarie russe?

R. *Teflis*, capitale de la Géorgie, province située entre le Caucase, la mer Noire et la mer Caspienne.

Akalziké, forteresse, dans la même province.

Terki, près la mer Caspienne,

Cabarta,

Besini,

Taman, sur le détroit de Kaffa,

} dans la Circassie.

Tobolsk, archevêché, capitale du gouvernement de son nom et de la Sibérie. Cette ville est au confluent du Tobol et de l'Irtis.

Iéniséik, sur le Iéniséa, assez grande ville.

Irkustk, sur l'Angara, capitale du gouvernement de ce nom.

Iacustk, sur la Lena, au nord-ouest.

Nersinsk ou *Nipchou*, sur l'Amur, à l'est.

Kamtschatka, port, au milieu environ d'une presqu'île de ce nom.

ARTICLE SEPTIÈME.
DES ILES DE L'ASIE.

D. Quelles sont les principales îles de l'Asie?

R. Les îles de l'Asie peuvent se partager en sept corps d'îles, auxquelles on peut joindre l'île de Ceylan.

D. Où sont situées ces îles?

R. De ces sept corps d'îles, six sont du nord au sud, savoir:

1. Les îles voisines du Kamtschatka.
2. Les îles du Japon.
3. Les îles Mariannes.
4. Les Philippines ou Manilles.
5. Les Moluques.
6. Les îles de la Sonde.

Le septième corps d'îles est au sud-ouest de la presqu'île occidentale de l'Inde; ce sont:

Les Maldives.

Ceylan, au sud-est.

D. Quelles sont les principales îles voisines du Kamtschatka?

R. L'île de Jeso; la partie méridionale, qui est peuplée, s'appelle Jeso-Gazima, et dépend du prince de Matssumay.

L'île des Etats, à l'est de la précédente.

D. Quelles sont les principales îles du Japon?

R. Les îles du Japon forment un empire puissant; les principales îles sont:

Niphon.

Ximo-Fisen et Bongo.

Sikof, ou Tonsa.

Iédo, capitale de l'île de Niphon, et de tout le Japon, port, résidence du Kubo, c'est-à-dire, de l'empereur temporel, idolâtre.

Méaco, résidence du Dairo, ou Empereur spirituel, aussi idolâtre.

Nangasacki, port, capitale de Ximo-Fisen.

Funay, capitale de la province de Bongo.

Tonsa, au sud, capitale de Sikof ou Tonsa.

D. Quelle est la principale des îles Mariannes?

R. C'est l'île de Guahan ; elle appartient, ainsi que les autres, aux Espagnols.

D. Quelles sont les principales îles Philippines, ou Manilles ?

R. Manille ou Lucon, dont la capitale est *Manille*.

Mindanao, dont la capitale est *Mindanao*, qu'on nomme aussi *Tabouc*.

D. Quelles sont les principales îles des Moluques ?

R. L'île de Célèbes ou Macassar.

Amboine et Benda sont à l'est de Macassar ; Amboine est célèbre pour le clou de gérofle, et Benda pour la muscade.

D. Quelles sont les principales îles de la Sonde ?

R. Bornéo.

Sumatra.

Java.

Bornéo, capitale du royaume de ce nom.

Benjarmassen, au sud, sur la côte des Mahométans, capitale du royaume de ce même nom.

Achem, capitale du royaume de son nom, à l'extrémité septentrionale de l'île de Sumatra.

Batavia, port, capitale de l'île de Java.

Materan, capitale du royaume de même nom.

D. Où sont situées les Maldives ?

R. Les Maldives forment une espèce de ligne en-deçà et au-delà de l'équateur, et sont au sud-ouest de la presqu'île occidentale de l'Inde.

D. Quelle en est la principale ?

R. L'île de Male, laquelle n'a cependant qu'une lieue de tour.

D. Où est située l'île de Ceylan ?

R. L'île de Ceylan est au sud-est de la presqu'île en-deçà du Gange.

D. Quelle est la principale ville de l'île de Ceylan ?

R. *Candy*, capitale du royaume de ce nom, au milieu de l'île.

CHAPITRE TROISIÈME.
DE L'AFRIQUE.

D. Qu'est-ce que l'Afrique ?

R. L'Afrique est une des quatre parties du monde. Elle forme une grande presqu'île, qui n'est jointe au continent d'Asie que par une langue de terre, appelée isthme de Suez; elle est séparée de l'Europe par le détroit de Gibraltar et la mer Méditerranée.

D. Quels sont les principaux caps de l'Afrique?

R. Elle a trois fameux caps, qui sont:

1. Le cap Vert, à l'ouest.
2. Le cap de Bonne-Espérance, au sud.
3. Le cap Guardafui, à l'est.

D. Quelles sont les principales montagnes de l'Afrique ?

R. Le mont Atlas, au nord, qui traverse toute la Barbarie, de l'ouest à l'est.

Le mont Amédée, qui sépare la Nigritie du Sahara, ou désert de Barbarie.

D. Comment divise-t-on l'Afrique?

R. L'Afrique peut se diviser en trois parties générales.

1. La partie du nord, qui contient
  L'Egypte, à l'orient;
  La Barbarie, à l'occident;
  Le Sahara, ou grand Désert, au midi de la Barbarie.

2. La partie du milieu, qui renferme de l'ouest à l'est
  La Guinée;
  La Nigritie;
  La Nubie;
  L'Abyssinie;

3. La partie du midi, qui comprend
  Le Congo, à l'occident;
  La Cafrerie pure, qui s'étend jusqu'au cap de Bonne-Espérance,
  La Cafrerie mélangée, qui renferme les côtes de Zanguebar et d'Ajan.

A ces dix parties, contenues dans les trois parties générales, il faut ajouter les îles.

Autant les heureux habitans de l'Asie et de l'Europe ont à bénir le ciel de
es avoir fait naître sous les douces influences de leur climat tempéré, autant
l'Africain, qu'un soleil ardent dévore, a-t-il à gémir d'être destiné à partager
e sort des animaux féroces qui habitent les sables brûlans dont presque toute
l'AFRIQUE est couverte. Là, la nature pauvre de sa trop grande richesse,
onne à cette terre le don de produire de l'or, des pierreries, et lui refuse,
xcepté sur les bords du Nil et du Niger, le blé, les fruits, les pâturages,
et condamne les malheureux habitans de l'Afrique à n'attendre leur subsis-
ance que de la chasse, où ils courent presque toujours le danger de tomber
ivans sous la griffe cruelle du lion, du tigre et des autres bêtes carnacières
ui peuplent ces déserts.

On ne connoît que très-imparfaitement l'intérieur de cette grande pres-
u'île ; on ne sait pas encore si ces sables enflammés sont des barrières entre
ous et des pays plus tempérés, ou si ces sables, couvrant tout l'intérieur de
ette partie du monde, sont en quelque sorte comme une fournaise où les
onts du midi prennent la chaleur, qui les apportent dans nos climats après
être rafraîchis en passant la Méditerranée, et qui donnent à notre tempéra-
ure assez d'activité pour mûrir nos moissons, nos fruits et nos vendanges.

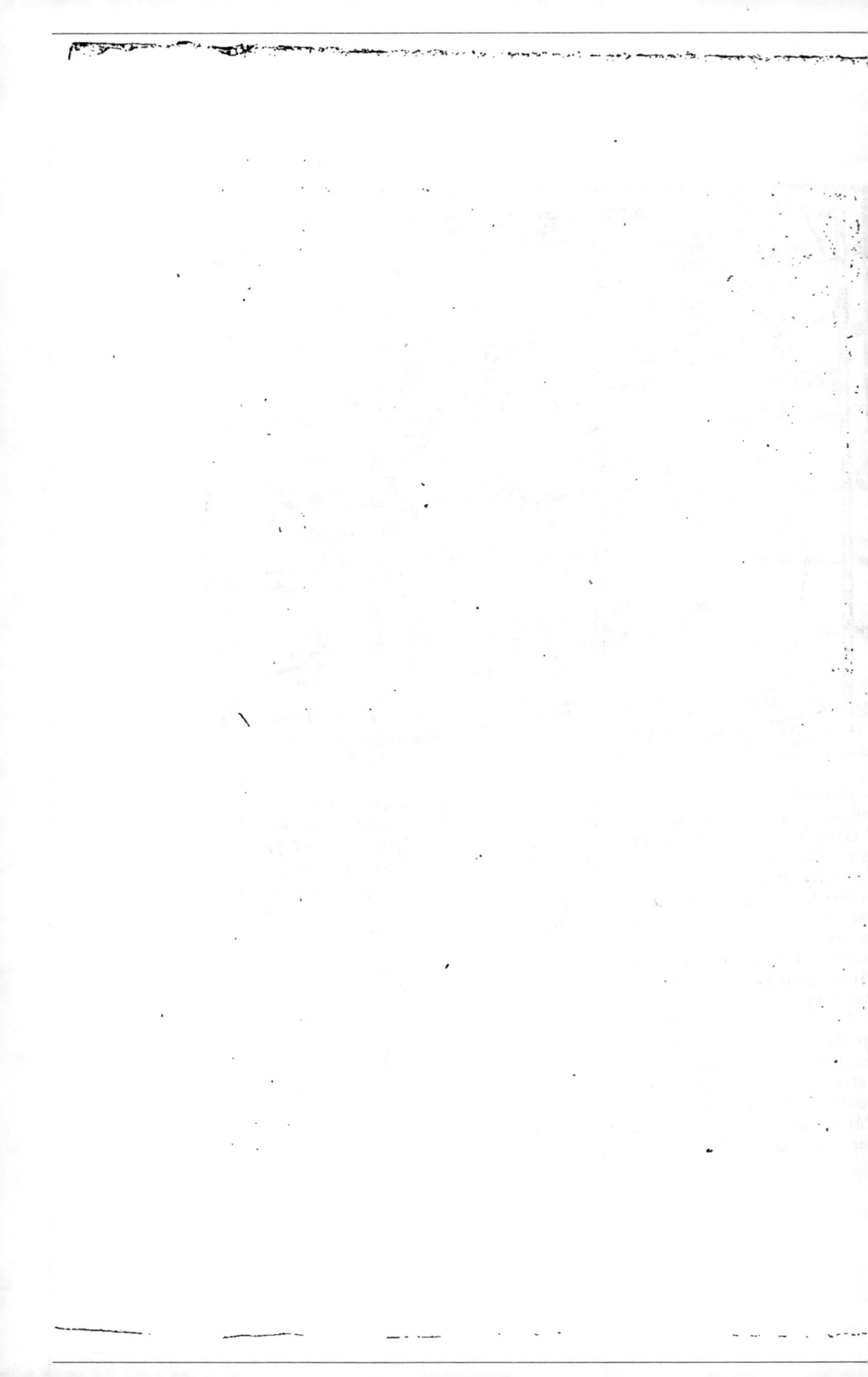

D. Quels sont les principaux fleuves de l'Afrique ?

R. Ses principaux fleuves sont :

Le Nil, qui se jette dans la Méditerranée, après avoir traversé l'Egypte ; il fertilise, par des débordemens annuels et périodiques, les pays qu'il parcourt.

Le Sénégal, qui se jette dans l'Océan, à l'ouest.

Le Niger, qui traverse la Nigritie, de l'ouest à l'est, et se décharge dans un lac aux environs de Bournou.

Le Zaïre, qui arrose le Congo, au nord, et se jette dans l'Océan, à l'ouest.

Le Zambèse ou Cuama, qui se décharge à l'orient dans le golfe de Sofala.

ARTICLE PREMIER.

DE L'ÉGYPTE.

D. Qu'est-ce que l'Egypte ?

R. C'est un pays très-fertile, quoique sablonneux ; il est situé au nord-est de l'Afrique, et appartient au Grand-Seigneur, empereur de Turquie.

D. Comment divise-t-on l'Égypte ?

R. On la divise en trois parties :

1. La haute, au sud.
2. Celle du milieu.
3. Et la basse, au nord.

D. Quelles sont les principales villes de l'Égypte ?

R. *Girgé*, capitale de la Haute-Égypte.

Souène, voisine du Tropique du Cancer.

Ibrim, dernière place des Turcs, qui en possèdent plusieurs sur la côte d'Abeck, qui est plus au sud.

Le Caire, sur le Nil, capitale de l'Egypte du milieu et de toute l'Egypte, résidence du pacha ou gouverneur pour le Grand-Seigneur.

Suez, qui donne le nom au fameux isthme qui joint l'Afrique à l'Asie.

Alexandrie, port, sur la Méditerranée, capitale de la Basse-Egypte.

Rosette,
Damiette, } aux deux embouchures du Nil.

ARTICLE SECOND.

DE LA BARBARIE.

D. Comment divise-t-on la Barbarie?

R. On peut la partager en deux parties :
La Barbarie propre, au nord.
Le Biledulgerid, au sud du mont Atlas.

§. I.er *De la Barbarie propre.*

D. Que comprend la Barbarie propre ?

R. Elle comprend, de l'est à l'ouest, cinq pays :
1. Le pays de Derne ou de Barca.
2. Le royaume de Tripoli.
3. Le royaume de Tunis.
4. Le royaume d'Alger.

Ces trois royaumes sont sous la protection des Turcs.

5. Le royaume de Maroc, de qui dépend celui de Fez.

D. Quelles sont les principales villes de la Barbarie propre?

R. *Derne*, capitale du pays de ce nom.

Tripoli, capitale du royaume de Tripoli, port, sur la Méditerranée.

Tunis, port, capitale du royaume de Tunis.

Alger, capitale du royaume de ce nom.

Oran,
La Marca ou *Marsalquidir*, } ports.

Fez, capitale du royaume de ce nom, qui appartient au roi de Maroc.

Larache,
Salé, } ports, sur l'Océan.

Maroc, capitale du royaume de Maroc.

§. II. *Du Biledulgerid.*

D. Que comprend le Biledulgerid?

R. Il comprend, de l'ouest à l'est, plusieurs pays, dont voici les villes principales :

Sus ou *Tarudan*, capitale du royaume de Sus, au roi de Maroc, qui prend le titre d'empereur d'Afrique.

Tafilet, capitale du royaume de Tafilet, sur

la rivière du même nom, aussi au roi de Maroc.

Sugelmèse, sur le Ziz, capitale du royaume de ce nom, qui appartient aux Arabes.

Le Tegorarain et le *Zab*, qui suivent d'occident en orient, n'ont pas de villes remarquables.

Tonsera, cap. du Biledulgerid propre, ou Géride.

Tocorte, capitale du royaume de ce nom, qui dépend de celui de Tunis.

Gadème, capitale du royaume de Gadème.

Le royaume du *Faisan* ou *Fezzen*, et le pays pétrifié, n'ont pas de villes.

Ouguela, capitale du pays d'Ouguela.

Siouah, république qui relève de Tripoli.

ARTICLE TROISIÈME.
DU SAHARA, ou DÉSERT DE BARBARIE.

D. Comment divise-t-on le Sahara?

R. Ce pays est divisé en plusieurs déserts, dont la plupart portent le nom de ceux qui y habitent.

Ces déserts sont, de l'ouest à l'est, ceux de

Zagaha.   Lempta.

Zuenziga.   Berdoa.

Targa.

Ces déserts n'ont pas de villes; ainsi il est inutile de s'y arrêter davantage.

ARTICLE QUATRIEME.
DE LA GUINÉE.

D. Qu'est-ce que la Guinée?

R. Une vaste contrée qui s'étend le long des côtes occidentales de la partie du milieu de l'Afrique: elle est habitée par des Nègres.

D. Comment divise-t-on la Guinée?

R. La Guinée peut se partager en septentrionale et méridionale.

D. Que comprend la Guinée septentrionale?

R. La Guinée septentrionale, qui est entre les rivières du Sénégal et de Gambie, n'a pas de villes considérables : on y remarque seulement les royaumes d'Oaale, ou de Brac, des Foules ou de Galam.

Dans le premier, les Français possèdent l'île Saint-Louis, et, auprès du Cap-Vert et au sud-ouest, l'île de Gorée.

D. Comment divise-t-on la Guinée méridionale?

R. La Guinée méridionale se divise en

Malaguette,

Guinée propre,

Et royaume de Benin.

D. Que contient la Malaguette?

R. La Malaguette a plusieurs petits royaumes; dans celui de Sanguin on remarque

Petit-Dieppe, port.

A l'extrémité septentrionale, est le pays de Serre-Lionne, ainsi nommé des montagnes voisines, où il y a beaucoup de lions.

D. Comment divise-t-on la Guinée propre?

R. La Guinée propre se divise en Côte-des-Dents, parce qu'on y trouve beaucoup d'ivoire qui vient des dents d'éléphants; et Côte-d'Or, parce qu'on y ramasse de la poudre d'or.

D. Quelles sont les principales villes de la Guinée propre?

R. La Côte-des-Dents n'a pas de villes remarquables: celles de la Côte-d'Or sont:

La Mine, au sud, place forte et port.

Cabo-Corso, port, aux Anglais.

Christiansbourg, port, aux Danois.

D. Quelles sont les principales villes du royaume de Benin?

R. *Benin*, capitale, sur la rivière de Benin.

Owère, capitale du royaume du même nom, qui dépend de Benin.

Juda, } capitales des deux petits royaumes du
Ardres, }   même nom, à l'ouest de Benin.

ARTICLE CINQUIÈME.

DE LA NIGRITIE.

D. Où est située la Nigritie?

R. La Nigritie, ou pays des Nègres, est à l'orient et au nord de la Guinée.

D. Comment divise-t-on la Nigritie ?

R. Ce pays se partage en plusieurs royaumes, dont les plus connus sont de l'ouest à l'est, ceux de
Mandingues,
Tombut,
Agadès,
Bournou.

D. Quelles sont les principales villes de la Nigritie ?

R. *Bambouc* et *Songo*, principales habitations des Mandingues, peuple doux et laborieux.

Tombut, ou *Tanbouctou*, capitale du royaume de ce nom.

Agadès, capitale du royaume de ce nom.

Bournou, capitale du royaume de ce nom, appelé *Karné* par M. d'Anville.

ARTICLE SIXIÈME.
DE LA NUBIE.

D. Qu'est-ce que la Nubie ?

R. La Nubie est un grand royaume, situé à l'est de la Nigritie. Le Nil le traverse du sud au nord ; il abonde en or, en musc, en ivoire et en cannes à sucre.

D. Quelles sont les principales villes de la Nubie ?

R. *Sennaar*, sur le Nil, capit. de tout le royaume.

Dongola, sur le Nil, capitale du royaume de son nom, tributaire du roi de Nubie.

ARTICLE SEPTIÈME.
DE L'ABYSSINIE.

D. Qu'est-ce que l'Abyssinie ?

R. C'est un pays situé au sud-est de la Nubie ; il se partage en plusieurs royaumes ou provinces ; il n'a pas de villes : l'empereur, que l'on nomme le *Grand-Negus*, habite dans un camp qui peut passer pour sa capitale.

La côte d'Abeck, qui est le long de la mer Rouge, est partagée entre le Turc, qui a le nord, et le roi de Dancali, qui a la partie du midi.

Suaquem, port, sur la mer Rouge, au nord, est au Turc.

ARTICLE HUITIÈME.

DU CONGO.

D. Comment divise-t-on le Congo?

R. Le Congo se divise en plusieurs royaumes, dont les principaux sont, du nord au sud :

Loango,

Congo,

Angola,

Benguela,

D. Quelles sont les principales villes du Congo?

R. *Loango*, capitale du royaume de ce nom.

San-Salvador, évêché, capitale du royaume de Congo et de la province de Bamba; les autres provinces de ce royaume sont Songo, Sandy, Pango, Batta et Pemba, dont les capitales portent les mêmes noms.

Les Portugais font presque tout le commerce dans ce royaume.

Saint-Paul-de-Loanda, évêché, capitale du royaume d'Angola.

Mapungo, résidence du roi d'Oarii, ou de Dongo, royaume situé dans la partie orientale.

Benguela ou *Saint-Philippe*, capitale du royaume de Benguela.

ARTICLE NEUVIÈME.

DE LA CAFRERIE PURE.

D. Qu'est-ce que la Cafrerie pure?

R. C'est un vaste pays inculte, et habité par des peuplades fort grossières.

D. Comment divise-t-on la Cafrerie pure?

R. On peut la partager en trois parties :

La septentrionale, qui contient tous les pays qui sont au milieu de l'Afrique.

La méridionale, où est le cap de Bonne-Espérance.

Et l'orientale, qui contient les états de Monomotapa.

D. Que contient la partie septentrionale?

R. Elle contient plusieurs royaumes, dont on ne connoît guère que les noms; ce sont ceux de

Mujac, } à l'orient du royaume de Benin.
Biafara, }

Gingiro ou Gingirbomba, près de l'Abyssinie.

Macoco ou Anzico, au nord-est de Congo.

Monoémugi ou Niméamais, et plusieurs autres.

D. Par qui est habitée la partie méridionale ?

R. Ce pays est habité par divers peuples, auxquels on a donné le nom général de *Hottentots*.

D. Quelle ville remarquable trouve-t-on dans cette partie de la Cafrerie pure ?

R. *Le Cap de Bonne-Espérance*, port fameux, où abordent presque tous les vaisseaux qui vont aux Indes orientales.

D. Comment divise-t-on les états du Monomotapa ?

R. Les états du Monomotapa, qui forment la partie orientale, se divisent en cinq royaumes, du nord au sud :

1. Le royaume de Monomotapa propre.
2. Le royaume de Manica.
3. Le royaume de Sofala, ou de Quitevé.
4. Le royaume de Sabia.
5. Le royaume d'Imhambane.

D. Quelles sont les principales villes du Monomotapa ?

R. *Zambace*, résidence du roi du Monomotapa.

Manica, capitale du royaume de ce nom.

Sofala, près l'embouchure de la rivière de ce nom, aux Portugais.

Manboné, capitale du royaume de Sabia, au sud de celui de Sofala, près la mer.

Tonge, capit. du royaume d'Imhambane, vers l'embouchure de la rivière de Manica, ou du Saint-Esprit.

Inhaqua, fort, aux Portugais, au midi.

ARTICLE DIXIÈME.

DE LA CAFRERIE MÉLANGÉE.

D. Qu'est-ce que la Cafrerie mélangée ?

R. C'est un pays qui occupe toute la côte orientale de l'Afrique, et qui est appelé ainsi parce qu'il est habité par des Cafres, c'est-à-dire, infidèles,

mêlés d'Arabes, à la différence de la Cafrerie pure,
où il n'y a que des Cafres.

D. Comment divise-t-on la Cafrerie mélangée?

R. On la divise en deux parties :

1. Le Zanguebar, qui s'étend depuis le golfe de
Sofala jusqu'à l'équateur.

2. La côte d'Ajan, qui commence à l'équateur,
et finit au cap de Guardafui.

§. I.er Du Zanguebar.

D. Quels sont les pays contenus dans le Zanguebar?

R. Le Zanguebar comprend, du sud au nord, les
royaumes de
>Mozambique,
>Moruca,
>Mongale,
>Quiloa,
>Monbaze,
>Melinde.

D. Quelles en sont les principales villes?

R. *Mozambique*, capitale de l'île de ce nom, port,
aux Portugais.

Le roi de Mozambique, qui habite dans les terres,
est soumis aux Portugais, et est mahométan.

Le royaume de Moruca n'a pas de villes : la résidence du roi est vis-à-vis l'île de Mazambique.

Mongale, sur la Mona, cap. du royaume de ce nom.

Quiloa, dans l'île de ce nom, a été abandonné par
les Portugais au roi de Quiloa, qui habite sur la côte,
dans une autre ville nommée le Vieux Quiloa, pour
le distinguer de l'autre.

Monbaze, capitale du royaume de ce nom, dans
l'île de Monbaze.

Melinde, port, capitale du royaume de Melinde.

Lamo,
Ampazé,   } îles au nord de Melinde, qui ont des
Paté,   princes tributaires des Portugais.

§. II. De la côte d'Ajan.

D. Quels sont les principaux états de la côte d'Ajan?

R. Ses principaux états, du sud au nord, sont :

La république de Brava.

Le royaume de Magadoxo.

Le royaume d'Adel.

D. Quelles en sont les principales villes?

R. *Brava*, capitale de la république de son nom, tributaire des Portugais.

Magadoxo, capitale du royaume du même nom, port, à l'embouchure du Magadoxo.

Ançagurelle, capitale du royaume d'Adel.

Zeila,
Barbora, } ports, sur la mer Rouge.

ARTICLE ONZIÈME.

DES ILES DE L'AFRIQUE.

D. Où sont situées les îles de l'Afrique?

R. Les unes sont dans la mer des Indes, à l'orient de l'Afrique, et les autres dans l'Océan, à l'occident.

§. Ier *Des îles à l'orient de l'Afrique.*

D. Quelles sont les principales îles à l'orient de l'Afrique?

R. Madagascar,

L'île Bourbon,

L'île de France,

Les îles de Comore,

Socotora.

Madagascar est la plus grande île du monde; elle n'a pas de villes considérables; mais on y voit deux ports principaux.

Saint-Vincent, à l'ouest;

Le-Port-aux-Prunes, à l'est;

et trois caps:

Saint-Sébastien, au nord;

Saint-Romain, au sud;

Saint-André, à l'ouest.

L'île Bourbon, l'île de France, qui sont à l'est de Madagascar.

Les îles de Comore, qui sont au nord-ouest de Madagascar, ont de petits princes, tributaires des Portugais.

Tamarin, capitale de l'île de Socotora, qui appartient au roi de Faitac, dans l'Arabie heureuse.

§. II. *Des îles à l'occident de l'Afrique.*

D. Quelles sont les plus remarquables de ces îles ?

R. Les plus remarquables sont, du nord au sud,
Madère,
Les îles des Canaries,
Les îles du Cap-Vert,
Saint-Thomas,
Et les îles près de la ligne.

D. Quelles en sont les villes principales ?

R. *Fonchal*, évêché, aux Portugais, capitale de l'île de Madère.

Canarie, évêché, capitale de toutes les Canaries, et en particulier de l'île de son nom, fertile en bons vins ; aux Espagnols, ainsi que la suivante.

Laguna, capitale de l'île de Ténériffe, résidence du gouverneur.

Ribeira, évêché, capitale de l'île de San-Iago, principale des îles du Cap-Vert, aux Portugais.

Provoaçan, évêché, capitale de l'île Saint-Thomas, aux Portugais.

Les autres îles n'ont pas de villes considérables.

CHAPITRE QUATRIÈME.
DE L'AMÉRIQUE.

D. Qu'est-ce que l'Amérique ?

R. L'Amérique est la quatrième partie du monde.

C'est un vaste continent, baigné à l'orient par la mer du Nord, et à l'occident par la mer du Sud. Ce continent, qui a été découvert dans le quinzième siècle par Christophe Colomb, a reçu son nom d'*Améric-Vespuce*, Florentin, à qui on en attribua faussement la découverte ; on l'appelle aussi *Nouveau-Monde* et *Indes occidentales*.

D. Comment divise-t-on l'Amérique ?

R. La nature elle-même semble avoir partagé l'Amérique en deux grandes portions, savoir :

1. L'Amérique septentrionale.

2. L'Amérique méridionale.

Ces deux portions sont jointes par l'isthme de Panama.

D. Quelles sont les productions de l'Amérique ?

R. L'Amérique est fertile en tout ce qui est nécessaire à la vie, surtout l'Amérique méridionale : elle produit quantité de plantes, de fruits et d'animaux qu'on ne trouve pas en Europe.

D. Quels golfes remarque-t-on en Amérique ?

R. Ses principaux golfes sont ceux de Saint-Laurent et du Mexique : tous les deux sont dans l'Amérique septentrionale, le premier au nord et le second au sud.

D. Quels sont les caps les plus célèbres ?

R. Il y en a trois, deux dans l'Amérique septentrionale ;

1. Le cap Breton, à l'entrée du golfe Saint-Laurent.

2. Le cap de la Floride, dans le golfe du Mexique.

Et un dans l'Amérique méridionale, le cap de Saint-Augustin, sur les côtes du Brésil.

D. Quels sont les fleuves les plus considérables de l'Amérique ?

R. On en compte quatre principaux, deux dans l'Amérique septentrionale ;

1. Le fleuve Saint-Laurent, qui se décharge dans le golfe du même nom.

2. Le Mississipi, qui se décharge dans le golfe du Mexique ;

Et deux dans l'Amérique méridionale ;

3. Le fleuve des *Amazones*, qui la traverse d'occident en orient, et se jette dans la mer entre la Guyane et le Brésil ; c'est le plus grand fleuve du monde.

4. Le fleuve de la Plata, qui a son embouchure dans la mer, à Buenos-Aires, au sud-est.

D. Quels lacs remarque-t-on en Amérique ?

R. Il y a dans l'Amérique septentrionale, cinq grands lacs, qui se rendent les uns dans les autres, et ensuite dans le fleuve Saint-Laurent, ce sont :

Abr. de Géogr.   F

1. Le lac Supérieur.   4. Le lac Erié.
2. Le lac Michigan.   5. Le lac Ontario.
3. Le lac Huron.

D. Quelles sont les montagnes les plus considérables de l'Amérique?

R. Les chaînes de montagues les plus considérables de l'Amérique sont, dans l'Amérique méridionale, savoir :

Les Cordilières, ou les Andes, dans le Pérou et le Chili, à l'ouest.

Les Cordilières du Brésil, à l'est.

ARTICLE PREMIER.
DE L'AMÉRIQUE SEPTENTRIONALE.

D. Comment divise-t-on l'Amérique septentrionale?

R. On peut la diviser en six parties.

1. Le Canada et la Louisiane.

2. Les Etats-Unis de l'Amérique, au sud-est et au nord du Canada.

3. La presqu'île de la Floride.

4. Le Mexique, ou Nouvelle-Espagne.

5. Le Nouveau Mexique, au nord de la Nouvelle-Espagne, qui appartient aussi aux Espagnols.

6. Les nouvelles découvertes, à l'ouest du Canada.

A ces six parties, il faut ajouter les îles.

§. I.er *Du Canada et de la Louisiane.*

D. Qu'est-ce que le Canada et la Louisiane?

R. On appelle ainsi deux vastes contrées de l'Amérique, qu'on comprenoit autrefois, sous le nom de *Nouvelle France*, parce qu'elles ont été possédées par les Français. Le Canada a depuis été cédé aux Anglais, et la Louisiane, partie aux Espagnols, partie aux Etats-Unis.

D. Nommez les principales villes du Canada?

R. *Quebec*, capitale, sur la rivière de Saint-Laurent, résidence du gouverneur.

Montréal, sur la même rivière.

D. Quelle est la principale ville de la Louisiane?

R. *La Nouvelle-Orléans*, capitale, vers l'embouchure du Mississipi.

AMÉRIQUE SEPTENTRIONALE

L'AMÉRIQUE étant située sous trois zones différentes, la Torride et les ~~deux~~ Tempérées, la nature du climat y est aussi fort différente. Au milieu, ~~il~~ y est très-chaud ; aux extrémités septentrionale et méridionale, il est ~~tr~~ès-froid; dans le reste du pays il est tempéré, et à peu près semblable à ~~ce~~lui de l'Europe, au moins dans la partie septentrionale.

Le terroir n'y est pas non plus le même. En général il est fort fertile, et ~~pr~~oduit abondamment tout ce qui est nécessaire à la vie. On y recueille quantité ~~d'~~excellens fruits inconnus en Europe. On y trouve aussi beaucoup d'espèces ~~d'~~animaux terrestres et volatils différens des nôtres. Mais ce qui a surtout attiré ~~le~~s Européens dans cette région , ce sont ses mines si riches d'or et d'argent.

Les Américains, en général, sont peu basannés, agiles et robustes, assez ~~in~~génieux, comme il paroît, en ce qu'on a trouvé parmi eux des républiques ~~et~~ des royaumes bien policés. et plusieurs inventions utiles; mais ils sont la ~~pl~~upart fourbes et vindicatifs. Ils sont idolâtres, excepté ceux qui suivent la ~~re~~ligion des nations auxquelles ils ont été obligés de se soumettre. Ceux qui ~~on~~t quelque commerce avec les Européens se sont un peu humanisés; les au~~tr~~es sont sauvages et cruels, plusieurs mêmes sont anthropophages. Leurs ar~~m~~es ordinaires sont l'arc, la flèche et une espèce de massue. Il s'en trouve ~~pa~~rmi eux qui ont appris des Européens à se servir d'armes à feu.

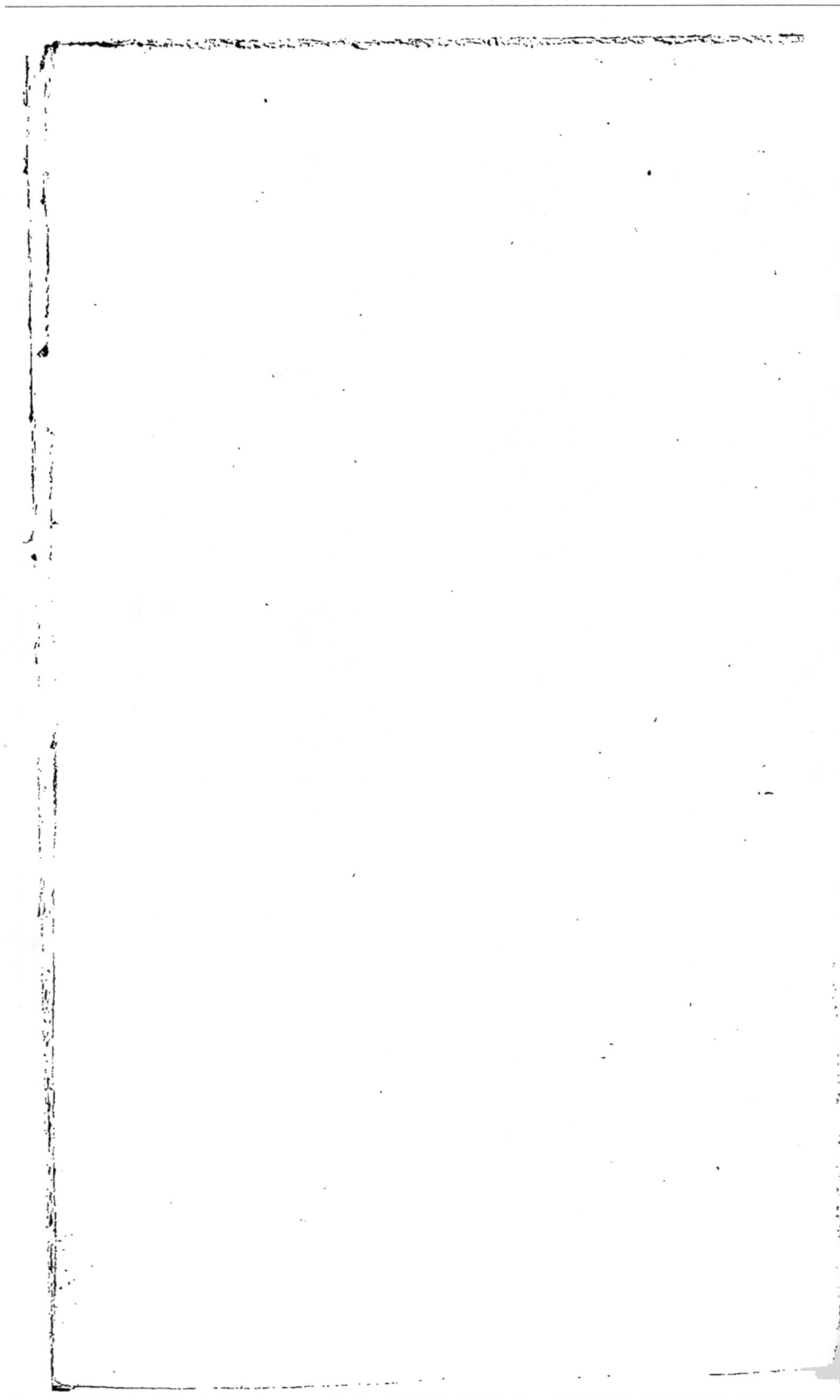

§. II· *États-Unis d'Amérique.*

D. En quoi consistent les États-Unis d'Amérique ?

R. Ils consistent en vingt-une provinces principales, du nord au sud, dont voici les noms :

PROVINCES.	VILLES PRINCIPALES.
NEW-HAMPSHIRE,	*Portsmouth.*
MASSACHUSSET,	*Boston.*
RHODE-ISLAND,	*Providence.*
CONNECTICUT,	*Hartfort.*
NEW-YORCK,	*New-Yorck.*
NEW-JERSEY,	*Elizabeth Town.*
PENSYLVANIE,	*Philadelphie.*
DELAWARE,	*New-Castle.*
MARILAND,	*Annapolis.*
VIRGINIE,	*Richmond.*
CAROLINE septentrionale,	*New-Berne.*
CAROLINE méridionale,	*Columbia.*
GÉORGIE (la Nouvelle),	*Louisville.*
VERMONT,	*Bennington.*
KENTUKEY,	*Francfort.*
MAIE,	*Portland.*
TENNESSÉE,	*Knoxville.*
MISSISSIPI,	*Nouvelle-Orléans.*
OHIO,	*Marietta.*
INDIANA,	*Vincennes.*
ILLINOIS,	»

§. III. *De la Floride.*

D. Qu'est-ce que la Floride ?

R. C'est une presqu'île où les Espagnols possèdent deux forteresses.

Saint-Augustin, à l'est.

Pensacola, à l'ouest, sur le golfe du Mexique.

Le reste est habité par des sauvages.

§. IV. *Du Mexique ou de la Nouvelle-Espagne.*

D. Comment partage-t-on le Mexique ?

R. On le partage en trois audiences royales, chacune divisée en plusieurs provinces : les trois audiences sont celles de Mexico, Guadalajara et Guatimala, noms de leurs capitales.

D. Quelles sont les principales villes de l'audience de Mexico ?

F 2

R. *Mexico*, archevêché, capitale de toute la Nouvelle-Espagne, et de la province et de l'audience de Mexico.

Mechoacan, capitale de la province du même nom.

Mérida, évêché, capitale de l'Yucatan, presqu'île qui s'avance dans le golfe du Mexique.

Tabasco, sur le golfe du Mexique, capitale de la province de Tabasco.

Panuco de Guasteca, ou *Panuco*, au nord-est de Mexico, capitale de la province de Guasteca.

Tlascala, à l'est de Mexico, capitale de la province de Tlascala.

La Vera-Crux, port, sur le golfe du Mexique.

Guaxaca, au sud-est de Tlascala, capitale de la province de Guaxaca.

D. Quelles sont les principales villes de l'audience de Guadalajara?

R. *Guadalajara*, évêché, capitale de la deuxième audience et de la province du même nom.

Cinaloa, près de la mer Vermeille, capitale de la province de Cinaloa.

Culiacan, capitale de la province de ce nom.

Compostelle, capitale de la province de Xalisco.

Sainte-Barbe, capitale de la Nouvelle-Biscaye.

Monterey, capitale de la Californie, grande presqu'île le long de la mer Vermeille; elle dépend de l'audience de Guadalajara.

D. Quelles sont les principales villes de l'audience de Guatimala?

R. *Guatimala*, évêché, capitale de la troisième audience et de la province de son nom.

Chiapa, au nord-ouest de Guatimala, capitale de la province de Chiapa.

Valladolid, évêché, capitale de la province de Honduras, sur le golfe du même nom.

Saint-Léon-de-Nicaragua, évêché, capitale de la province de Nicaragua.

Carthago, évêché, capitale de la province de Costa-rica.

§. V. *Du Nouveau-Mexique.*

D. Qu'est-ce que le Nouveau-Mexique?

R. C'est un pays situé au nord de la Nouvelle-Espagne, et qui est peuplé d'idolâtres ou de sauvages sans religion, mais assez dociles.

D. Quelle en est la ville principale?

R. *Santa-Fé*, au nord, capitale, près la rivière de Norte, qui se jette dans le golfe du Mexique, au sud-est.

D. Comment nomme-t-on les parties du Nouveau-Mexique qui sont à l'ouest sur la mer Vermeille?

R. Elles se nomment la Nouvelle-Navarre et la Sonora; elles n'ont point de places importantes.

§. VI. *Des nouvelles découvertes à l'ouest du Canada.*

D. En quoi consistent les nouvelles découvertes à l'ouest du Canada?

R. Les nouvelles découvertes se réduisent à ceci :

1. La mer de l'ouest, que l'on croit être un grand golfe, et dont l'entrée dans la mer du sud, est celle qui fut découverte par Martin d'Aguillard, Espagnol, et qui est marquée dans les cartes d'Amérique, au-dessus du cap Mendocin.

2. Les découvertes des Russes en Amérique, le long du détroit de Bering, dont nous avons déjà parlé plusieurs fois.

3. Celle de l'amiral de Fonte, Espagnol, que l'on peut voir, ainsi que les précédentes, dans la Mappemonde de Buache.

4. Le Groënland, vaste pays encore inconnu, et situé entre l'Europe et l'Amérique; l'air y est si froid que la mer y gèle.

Comme tous ces pays n'ont pas de villes, nous ne nous y arrêterons pas davantage.

§. VII. *Des îles de l'Amérique septentrionale.*

D. Quelles sont les principales îles de l'Amérique septentrionale?

R. Les principales îles de l'Amérique septentrionale sont :

Les îles du golfe Saint-Laurent,
Les Açores,
Les Lucayes,
Les Antilles.

D. Quelles sont les principales îles du golfe Saint-Laurent?

R. L'île de Terre-Neuve, capitale *Plaisance*; l'île Royale, ou du cap Butin, capitale *Louisbourg*.

D. Quelle est la principale des Açores?

R. Tercères, dont la capitale est *Angra*.

D. Quelles sont les principales Lucayes?

R. Bahama.

La Providence.

Guanahani ou Saint-Sauveur; elles n'ont pas de villes.

D. Comment partage-t-on les Antilles?

R. On les partage en grandes et en petites.

Les grandes sont:

Cuba, aux Espagnols; La Havane, capitale *San-Iago*, évêché.

La Jamaïque, aux Anglais; *Spanis-Town*, capitale.

Saint-Domingue; *Saint-Domingue*, capitale.

Porto-Rico; *Saint-Jean-de-Porto-Rico*, capitale.

D. Quelles sont les plus remarquables des petites Antilles?

R. La Martinique; le *Fort-Royal*, capitale.

La Guadeloupe, qui n'a pas de villes;

Saint-Christophe, } aux Anglais.
La Barbade,

Curaçao ou Curacou, près la Terre-Ferme, aux Hollandais.

La Marguerite, } aux Espagnols.
La Trinité,

ARTICLE SECOND.

DE L'AMÉRIQUE MÉRIDIONALE.

D. Comment divise-t-on l'Amérique méridionale?

R. Elle se divise en huit parties principales:

AMÉRIQUE MÉRIDIONALE.

Ce ne fut que vers la fin du XV.ᵉ siecle, que *Christophe Colomb*, Génois, cherchant une voie abrégée pour parvenir aux Indes, et encouragé par quelques expériences récentes, crut l'avoir trouvé en faisant route à l'aide de la boussole au travers de l'Océan occidental. Il proposa en vain son projet aux Génois ses compatriotes, à Henri VII, roi d'Angleterre, et à Jean II, roi de Portugal : il ne fut écouté que du roi d'Aragon, Ferdinand le Catholique, qui lui donna trois petits vaisseaux pour cette entreprise. *Colomb* découvrit l'AMÉRIQUE qui est la plus grande des quatre parties du monde. On prétend qu'elle n'a pas été connue des anciens. *Americ Vespuce*, qui lui donna son nom, étoit un aventurier: s'étant mis en qualité de marchand, ou de simple passager, sur une flotte qui partit en 1499, et n'ayant guère vu que le pays où *Colomb* avoit été avant lui, il publia des relations dans lesquelles il prétendoit avoir découvert la terre-ferme, et ravit ainsi à ce grand homme la gloire de donner son nom à l'Amérique. On l'appelle aussi *Nouveau Monde*, parce qu'elle n'a été découverte que depuis 300 ans. On lui donne encore, mais fort improprement, le nom d'*Indes Occidentales*, pour la distinguer des *Indes Orientales*, qui sont à l'E. de l'Europe, au lieu que l'Amérique est à son O. Il paroit que la raison qui lui a fait donner le nom d'*Indes*, est que les Européens y vont chercher de l'or, de l'argent et d'autres choses rares et précieuses, semblables à celles que produisent les véritables Indes.

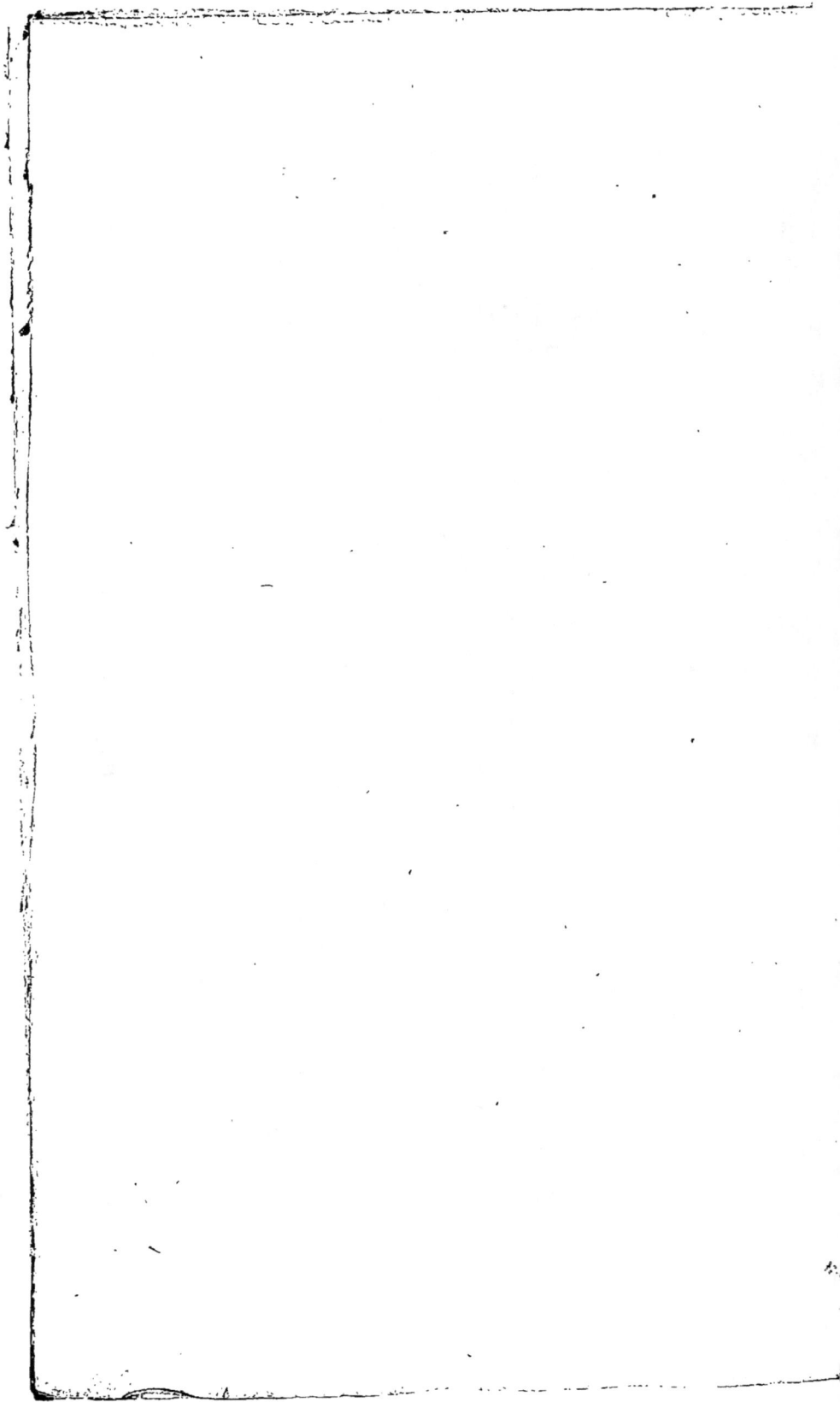

1. La Terre-Ferme ou Castille d'Or, au nord.
2. Le Pérou, }
3. Le Chili, } à l'ouest.
4. Le pays des Amazones, dans le milieu.
5. Le Brésil, }
6. La Guyane, } à l'orient.
7. Le Paraguay, ou la province
    de Rio-de-la-Plata, } au sud.
8. La Terre Magellanique,

§. I.er *De la Terre-Ferme.*

D. Où est située la Terre-Ferme?

R. Elle occupe la partie nord de l'Amérique méridionale.

D. Comment divise-t-on la Terre-Ferme?

R. La Terre-Ferme se divise en neuf provinces ou petits gouvernemens; sept au nord, d'occident en orient, et deux au midi.

D. Quelles sont les principales villes des provinces du nord de la Terre-Ferme?

R. *San-Iago-al-Angel*, principale de la province de Veragua.

Panama, évêché, port, capitale de la province de ce nom, audience royale.

Porto-Belo, sur le golfe du Mexique, fameux port vis-à-vis Panama, dans la même province.

Carthagène, évêché, port, capitale de la province du même nom.

Sainte-Marthe, évêché, port, capitale de la province de Sainte-Marthe.

Rio-de-la-Hacha, capitale de la province de ce nom.

Venezuela, ou *Coro,* évêché, capitale de la province de Venezuela.

Comane, capitale de la Nouvelle-Andalousie.

D. Quelles sont les principales villes des provinces du midi?

R. *Santa-Fé-de-Bogota,* archevêché, capitale du nouveau royaume de Grenade et de toute la Terre-Ferme.

Popayan, au sud, évêché, capitale du Popayan.

§. II. *Du Pérou.*

D. Où est situé le Pérou ?

R. Il est situé au midi du Popayan, et s'étend le long de la mer du Sud.

D. Comment divise-t-on le Pérou ?

R. On le divise en trois gouvernemens ou audiences royales, qui sont du nord au midi :

    1. Quito.

    2. Los-Reyes ou Lima.

    3. Los-Charcas.

D. Quelles sont les principales villes de l'audience de Quito.

R. *Quito*, évêché, capitale de sa province, et de l'audience de son nom.

Guayaquil, port.

D. Quelles sont les principales villes de l'audience de Los-Reyes ou Lima ?

R. *Lima*, archevêché, capitale de tout le Pérou, et de la province et de l'audience de Lima.

Truxillo, évêché, au nord-ouest de Lima.

Cusco, au sud-est,

Guamanca, entre Lima et Cusco,   } évêchés.

Arequipa, au sud-est de Lima, sur la côte,

D. Quelles sont les principales villes de l'audience de Los-Charcas ?

R. *La Plata*, archevêché, capitale de l'audience de Los-Charcas.

Potosi, près la Plata, fameux par ses mines inépuisables d'argent.

§. III. *Du Chili.*

D. Où est situé le Chili ?

R. Le Chili est situé au midi du Pérou, le long de la mer du Sud.

D. Comment divise-t-on le Chili ?

R. On le divise en trois provinces :

    1. Chili propre.

    2. Impériale.

3. Chicuito ou Cuyo.

D. Quelles sont les principales villes du Chili?

R. *San-Jago*, évêché, capitale de tout le Chili et du Chili propre.

La Conception, évêché, capitale de l'Impériale.

Impériale, évêché, port.

Mendoza, principale du Chicuito ou Cuyo.

§. IV. *Du pays des Amazones.*

D. Où est situé le pays des Amazones?

R. Le pays des Amazones est situé à l'orient du Pérou.

D. D'où lui vient ce nom?

R. Il est appelé ainsi du fleuve des Amazones qui le traverse?

D. Y a-t-il des villes dans ce pays?

R. Non : il n'y a pas de villes, mais des missions espagnoles et portugaises le long du fleuve. Celles des Espagnols sont à l'ouest et celles des Portugais sont à l'est : ces dernières commencent un peu au-dessous de l'embouchure du Yavari, dans le fleuve des Amazones.

§. V. *Du Brésil.*

D. Qu'est-ce que le Brésil?

R. On comprend sous le nom de Brésil, la région la plus orientale de l'Amérique méridionale; cet état est devenu un empire qui appartient à l'ancien roi de Portugal.

D. Comment divise-t-on le Brésil?

R. On le divise en quinze gouvernemens, ou capitaineries.

Trois sur la côte septentrionale, et douze sur l'orientale, du nord au sud.

D. Quelles sont les principales villes des capitaineries de la côte septentrionale?

R. *Para*, évêché, capitale de la capitainerie de Para.

Maragnan, évêché, capitale de la capitainerie de ce nom.

Siara, capitale de la capitainerie de ce nom.

F 3

D. Quelles sont les principales villes des capitaineries de la côte orientale?

R. *Natal-los-Reyes*, à l'embouchure de Rio-Grande, capitale de la capitainerie de Rio-Grande.

Paraïba, capitale de la capitainerie de ce nom.

Tamaraca, capit. de la capitainerie de Tamaraca.

Olinde, évêché, capitale de la capitainerie de Fernambouc.

Sérégippe, capitale de la capitainerie de Sérégippe.

San-Salvador, archev., capit. de tout le Brésil, et de la capitainerie de la baie de Tous-les-Saints.

Villa-San-Georgio, capitale de la capitainerie de Rio-dos-Ilheos.

Porto-Seguro, capit. de la capitainerie de ce nom.

Spiritu-Santo, capit. de la capitainerie de ce nom.

Saint-Sébastien, évêché, capitale de la capitainerie de Rio-Janeïro.

Saint-Vincent, capitale de la capitainerie de Saint-Vincent.

Saint-Paul, évêché, au nord-ouest de Saint-Vincent, autrefois république de brigands, mais subjuguée depuis par les Portugais, dans la même capitainerie.

Colonia-do-Sacramento, dans la province del Rey, qui s'étend depuis Saint-Vincent jusqu'à l'embouchure de Rio-de-la-Plata, au nord des îles Saint-Gabriel, qui appartiennent aux Espagnols.

§. VI. *De la Guyane.*

D. Qu'est-ce que la Guyane?

R. C'est une vaste contrée, située entre la rivière des Amazones et celle de l'Orénoque; cette dernière la sépare de la Castille-d'Or ou Terre-Ferme.

D. Que comprend la Guyane?

R. La Guyane comprend plusieurs établissemens que les Européens y ont formés.

D. Nommez les principales villes de la Guyane?

R. *Saint-Thomas.*

Cayenne, dans l'île de ce nom.

§. VII. *Du Paraguay.*

D. Où est situé le Paraguay ?

R. Le Paraguay est situé à l'orient du Pérou et du Chili.

D. En combien de provinces divise-t-on le Paraguay ?

R. On divise le Paraguay en sept provinces.

D. Nommez les villes principales du Paraguay ?

R. *Villa-Rica*, capitale du Paraguay propre, qui occupe les deux côtés de la rivière du même nom.

Ciudad-Réal, capitale de la province de Guairia, à l'orient de celle du Paraguay.

L'Assomption, évêché, capitale de la province de Rio-de-la-Plata.

Buenos-Aires, évêché, à l'embouchure du fleuve de Rio-de-la-Plata, dans la même province.

San-Salvador, capitale de la province d'Uraguay, ou Urvaig, du nom de cette rivière.

San-Iago-del-Estero, évêch., cap. du Tucuman.

Les deux autres provinces, savoir, celles de Chaco et de Parana n'ont pas de villes.

La province de Parana, le long de la rivière de ce nom, est habitée par des naturels du pays, que les Jésuites ont civilisés et qu'ils ont gouvernés jusqu'à la destruction de leur ordre ?

§. VIII. *De la Terre Magellanique.*

D. Qu'est-ce que la Terre Magellanique ?

R. On comprend sous ce nom la grande région qui est à l'extrémité de l'Amérique méridionale.

D. D'où lui vient son nom ?

R. Elle est appelée ainsi de Magellan, qui l'a découverte en 1520 ; elle appartient aux Espagnols, et n'a pas de villes.

ARTICLE TROISIÈME.

DES TERRES POLAIRES ET DES TERRES AUSTRALES.

D. Qu'entendez-vous par Terres Polaires?

R. On appelle Terres Polaires Arctiques, celles qui sont vers le pôle arctique; et celles qui sont vers le pôle antarctique, se nomment Terres Polaires Antarctiques ou Australes.

D. Quel autre nom donnoit-on à ces pays?

R. Les anciens Géographes appeloient aussi ces parties du globe, Monde inconnu, parce qu'en effet on en connoissoit à peine les côtes.

D. Quelles sont les Terres Polaires Arctiques?

Les Terres Polaires Arctiques sont : le *Spitzberg*, au nord de l'Europe, ainsi nommé, à cause des montagnes dont il est rempli.

La nouvelle Zemble, ou nouvelle Terre, au nord de l'Asie.

D. Nommez les Terres Polaires Antarctiques?

R. La Terre de Feu, île au sud de l'Amérique;

Les îles Sandwich;

La Nouvelle Zélande.

D. Qu'entendez-vous par Terres Australes?

R. On appelle ainsi plusieurs îles, situées dans la grande mer du Sud, et dont on ne connoît guère que les côtes; ce sont :

La nouvelle Guinée, qui se trouve vers l'Equateur, à l'est de l'Asie.

La nouvelle Bretagne, au nord-est de la nouvelle Guinée.

La nouvelle Hollande, qui, par son étendue, forme un véritable continent.

D. Quelles sont les principales îles de la mer du Sud, dans la partie du milieu?

R. Ces principales îles sont :

La nouvelle Calédonie;

Les îles Otaïti;

Les îles Marquises, etc., etc.

TABLEAU COMPARATIF

DES ANCIENNES ET NOUVELLES DIVISIONS DE LA FRANCE.

FRANCE.

Anciennes Provinces.	*Départemens.*
Flandre française. . . . ⎰	1 Nord.
Artois , etc. . . . . . . ⎱	2 Pas-de-Calais.
Picardie.	3 Somme.
	4 Seine-Inférieure.
	5 Eure.
Normandie.	6 Calvados.
	7 Manche.
	8 Orne.
	9 Seine.
	10 Seine-et-Oise.
Ile-de-France.	11 Seine-et-Marne.
	12 Oise.
	13 Aisne.
	14 Marne.
	15 Ardennes.
Champagne	16 Aube.
	17 Haute-Marne.
	18 Meuse.
Lorraine , et Trois-Evê-	19 Moselle.
chés.	20 Meurthe.
	21 Vosges.
	22 Rhin-Haut.
Alsace.	23 Rhin-Bas.
	24 Ille-et-Vilaine.
	25 Côtes-du-Nord.
Bretagne.	26 Finistère.
	27 Morbihan.
	28 Loire-Inférieure.

Anciennes Provinces.	Départemens.
Maine et partie de l'An-jou...	29 Sarthe.
	30 Mayenne.
Anjou et Saumurois...	31 Maine-et-Loire.
Touraine...	32 Indre-et-Loire.
Orléanais...	33 Loiret.
	34 Eure-et-Loir.
	35 Loir-et-Cher.
Berry...	36 Cher.
	37 Indre.
Nivernais...	38 Nièvre.
Bourgogne...	39 Yonne.
	40 Côte-d'Or.
	41 Saône-et-Loire.
	42 Ain.
Franche-Comté...	43 Haute-Saône.
	44 Doubs.
	45 Jura.
Poitou...	46 Vienne.
	47 Deux-Sèvres.
	48 Vendée.
Aunis et une partie de la Saintonge...	49 Charente-Infé-rieure.
Marche, Haut-Limousin et partie du Haut-Poitou...	50 Creuse.
Bourbonnais...	51 Allier.
Angoumois et une partie de la Saintonge...	52 Charente.
Limousin...	53 Haute-Vienne.
	54 Corrèze.
Auvergne...	55 Cantal.
	56 Puy-de-Dôme.
Lyonnais...	57 Rhône.
	58 Loire.

Anciennes Provinces.		Départemens.
Dauphiné	{	59 Isère.
		60 Hautes-Alpes.
		61 Drôme.
Guyenne et Gascogne. .	{	62 Dordogne.
		63 Gironde.
		64 Lot-et-Garonne.
		65 Lot.
		66 Aveyron.
		67 Gers.
		68 Landes.
		69 Hautes-Pyrénées.
Béarn, etc. . . : . . . : . .		70 Basses-Pyrénées.
Foix, *Conserans* et partie du Languedoc . .	{	71 Arriége.
Roussillon, *Cerdagne*, etc.	{	72 Pyrénées-Orientales.
		73 Haute-Garonne.
Languedoc	{	74 Tarn.
		75 Tarn-et-Garonne.
		76 Aude.
		77 Hérault.
		78 Gard.
		79 Ardèche.
		80 Lozère.
		81 Haute-Loire.
Provence	{	82 Bouch.-du-Rhône.
		83 Basses-Alpes.
		84 Var.
Ile de Corse.		85 Corse.

Pays Réuni.

| Comtat Vénaissin, Orange, etc. | { | 86 Vaucluse. |

FIN.

TABLE ALPHABÉTIQUE
DES VILLES INDIQUÉES DANS CET ABRÉGE DE GÉOGRAPHIE.

A

Arezzo,	52	Bâle,	65
Argelès,	38	Bambouc,	115
Argentan,	36	Bander-Abassy,	99
Armagh,	83	Banialuca,	92
Arnheim,	68	Barbézieux,	17
Arona,	55	Barbora,	119
Arras,	37	Barcelone,	61
Asiago,	55	Barcelonnette,	13
Asti,	50	Barcelore,	102
Astorga,	62	Bari,	57
Astracan,	89	Bar-sur-Aube,	15
Atina,	93	Bar-sur-Ornain,	34
Aubusson,	20	Bar-sur-Seine,	15
Auch,	24	Bassano,	55
Audenarde,	67	Bastia,	19
Aurillac,	17	Batavia,	109
Autun,	40	Bayeux,	16
Auxerre,	47	Bazas,	25
Ava,	102	Beaugé,	31
Avalon,	47	Beaume,	21
Avesnes,	35	Beaune,	19
Avignon,	45	Beaupréau,	31
Avila,	62	Beauvais,	36
Avranches,	32	Béfort,	39
		Belgrade,	92
B		Bellac,	46
Bacin,	102	Bellay,	11
Bachaseray,	88	Bellinzona,	65
Badajox,	63	Bellune,	55
Baeça,	61	Bénevent,	54
Bagdad,	96	Benguela,	116
Bagnères,	38	Benin,	114
Bahus,	85	Benjarmassen,	109
Baïonne,	37	Bennington,	123
Balck,	107	Bergame,	56

Cagliari ,	59	Castelnaudary ,	15
Cahors ,	30	Castel-Sarrazin ,	44
Caifong ,	104	Castiglione-delle-Si-	
Calais ,	37	viere ,	56
Calatrava ,	63	Castres ,	44
Calcutta ,	101	Catherinoslaw ,	88
Calicut ,	*ibid.*	Cayenne ,	130
Calmar ,	85	Ceneda ,	55
Calvi ,	19	Ceret ,	38
Cambaye ,	100	Ceva ,	51
Camboge ,	103	Châlons-sur-Marne,	32
Cambray ,	35	Châlons-sur-Saône ,	40
Cambridge ,	81	Chamaki ,	99
Campo-San-Piero ,	55	Chambéry ,	49
Canarie ,	120	Chambon,	20
Candahar ,	99	Chamdara ,	102
Candie ,	94	Chandernagor ,	101
Candy ,	109	Charleroy ,	67
Cantorbéry ,	81	Charolles ,	40
Capoue ,	56	Chartres ,	22
Carcassonne ,	15	Châteaubriant ,	29
Cardigan ,	81	Château-Chinon ,	35
Carlsruhe ,	76	Châteaudun ,	22
Carnavan ,	81	Château-Gonthier ,	33
Carpentras ,	45	Châteaulin ,	23
Cartaghène en Espa-		Châteauroux ,	26
gne ,	61	Château-Salins ,	33
Carthagène en Améri-		Château-Thierry ,	12
que ,	127	Châtellerault ,	46
Carthago ,	124	Châtillon ,	19
Casal ,	50	Chaumont ,	32
Cashel ,	83	Cherbourg ,	*ibid.*
Cassel ,	55	Chiapa ,	124
Castelfranco ,	*ibid.*	Chiavari ,	51
Castellane ,	13	Chiavenna ,	55

Deventer,	69	Espalion,	15
Diarbékir,	96	Este,	55
Die,	22	Estella,	62
Dieppe,	42	Etampes,	43
Digne,	13	Evora,	64
Dijon,	19	Evreux,	22
Dinan,	20	**F**	
Dôle,	27		
Domfront,	36	Faifo,	103
Domo-Dossola,	55	Falaise,	16
Dongola,	115	Famagouste,	97
Dordrecht,	68	Faro,	64
Douai,	35	Fertach,	98
Doulens,	44	Feltre,	55
Douvres,	81	Ferabad,	99
Draguignan,	45	Fermo,	53
Dresde,	75	Ferrare,	*ibid.*
Dreux,	22	Ferrol,	61
Drontheim,	86	Fez,	112
Dublin,	83	Figeac,	30
Dunkerque,	35	Florac,	31
Dusseldorf,	75	Florence,	52
E		Foix,	14
		Foligno,	53
Edimbourg,	82	Fonchal,	120
Elbing,	79	Fondrio,	55
Elcatif,	98	Fontainebleau,	42
Elisabeth-Town,	123	Fontarabie,	60
Elvas,	64	Fontenay,	46
Embrun,	13	Forcalquier,	13
Epernay,	32	Forli,	54
Epinal,	47	Port-Royal,	126
Erani,	57	Frosinone,	53
Erivan,	99	Fougères,	25
Erzerum,	96	Foutcheou,	105

La Vera-Crux,	124	Loches ,	26
Leblanc ,	26	Lodève ,	25
Le Caire ,	111	Lodi ,	56
Le Cap de Bonne-Es-		Lombès ,	24
pérance ,	117	Londres ,	81
Lecco ,	55	Lons-le-Saulnier ,	27
Lectoure ,	24	Lorient ,	34
Le Fort-Royal ,	126	Loudéac ,	20
Le Fort St.-Philippe ,	63	Loudun ,	46
Le Havre ,	42	Louhans ,	40
Le Mans ,	41	Louisbourg ,	126
Lemberg ,	78	Louisville ,	123
Leng ,	103	Louvain ,	66
Léon ,	62	Louviers ,	22
Lépante ,	93	Lublin ,	91
Le Port-aux-Prunes,	119	Lucerne ,	65
Le Puy ,	29	Lugo ,	60
Leria ,	64	Lunden ,	85
Lérida ,	61	Luneville ,	33
Les Andelys ,	22	Lure ,	40
Lescurial ,	62	Luxembourg ,	66
Lespare ,	25	Lyon ,	39
Les Sables d'Olonne,	46	**M**	
Leuwarden ,	69	Mâcon ,	40
Le Vigan ,	23	Madras ,	101
Leyde ,	68	Madrid ,	62
Libourne ,	25	Maduré ,	101
Lille ,	35	Maestricht ,	69
Lima ,	128	Magadoxo ,	119
Limoges ,	46	Magdebourg ,	75
Limoux ,	15	Majorque ,	63
Lisbonne ,	64	Malaca ,	103
Lisieux ,	16	Malaga ,	61
Livourne ,	52	Malathia ,	96
Loango ,	116	Malines ,	66

Malte,	58	Menaggio,	55
Mamers,	41	Mende,	31
Manboné,	117	Mendoza,	129
Manfredonia,	57	Mérida,	124
Mangalor,	102	Messine,	58
Manica,	117	Metz,	54
Manille,	109	Mexico,	124
Mantes,	43	Mezières,	14
Mantoue,	55	Middelbourg,	68
Mapungo,	116	Milan,	55
Maragnan,	129	Milhau,	15
Marcaban,	102	Mindanao,	109
Marennes,	18	Minorque,	63
Marienbourg,	79	Minski,	89
Marmande,	30	Miranda-de-Douro,	64
Maroc,	112	Mirande,	24
Marseille,	16	Mirecourt,	47
Marvejols,	31	Misitra,	93
Mascate,	98	Mittaw,	89
Masulipatan,	101	Moab,	97
Matera,	57	Modène,	54
Materan,	109	Mohilow,	89
Mauléon,	38	Moissac,	44
Mauriac,	17	Moka,	98
Mayenne,	33	Molise,	57
Mazara,	58	Monaco,	49
Méaco,	108	Monbaze,	118
Meaux,	42	Mondonedo,	60
Mechoacan,	124	Mondovi,	50
Mécran. *Voyez* Tis.		Montfort,	26
Médine,	97	Mongale,	118
Mélinde,	98	Mons,	67
Melle,	43	Montargis,	30
Melun,	42	Montauban,	44
Memel,	79	Montbéliard,	21

Abr. de Géogr.   G

Montbrison,	28	Narbonne,	15
Mont-de-Marsan,	*ibid.*	Natal-los-Reyes,	130
Montdidier,	44	Négapatan,	101
Montélimart,	22	Negpour,	100
Montepulciano,	52	Négrepont,	94
Monterey,	124	Nérac,	30
Montluçon,	12	Nersinsk,	107
Montmedy,	34	Neufchâteau,	47
Montmorillon,	46	Neufchâtel,	42
Montpellier,	25	Neufchâtel,	65
Mont-réal en Sicile,	58	Nevers,	35
— en Canada,	122	New-Aberdin,	82
Montreuil,	37	New-Berne,	123
Monza,	56	New-Castle,	*ibid.*
Morlaix,	23	New-Yorck,	*ibid.*
Mortagne,	36	Nice,	49
Mortain,	32	Nicosie,	97
Moscow,	88	Nimègue,	68
Mostar,	92	Nîmes,	23
Mosul,	96	Niort,	43
Moulins,	12	Nisnei-Novogorod,	88
Mozambique,	118	Nivelles,	66
Mugden,	106	Nogent-le-Rotrou,	22
Munich,	75	Nogent-sur-Seine,	15
Murat,	17	Nontron,	21
Murcie,	61	Noto,	58
Muret,	24	Nouvelle-Orléans,	123
N		Novare,	55
Namur,	67	Novi,	50
Nancy,	33	Novogorod-Veliki,	87
Nangasaki,	108	Nions,	22
Nankin,	105	**O**	
Nantchang,	*ibid.*	Oczacow,	92
Nantes,	29	Odensée,	84
Nantua,	11	Old-Aberdin,	81
Naples,	56	Olinde,	130

Olite,	62	Parme,	52
Olmutz,	77	Parthenay,	43
Olonec,	87	Pau,	37
Oléron,	38	Pavie,	56
Onore,	102	Pégu,	103
Opatow,	91	Pékin,	104
Oppelen,	79	Penza,	88
Oran,	112	Périgueux,	21
Orange,	45	Perm,	88
Orembourg,	88	Péronne,	44
Orencé,	60	Perpignan,	38
Orihuella,	61	Perugia,	53
Oristagni,	59	Peterwaradin,	77
Orléans,	30	Petit Dieppe,	114
Orthès,	38	Pezaro,	53
Osma,	62	Philadelphie,	123
Ostende,	67	Piave,	55
Otrante,	57	Pignerol,	50
Ougly,	101	Pillau,	79
Ouguela,	113	Pise,	52
Oviédo,	60	Pistoie,	ibid.
Owère,	114	Pithiviers,	30
Oxfort,	81	Plaisance,	52
P		— dans l'île de Terre-	
Padoue,	55	Neuve,	126
Paimbœuf,	29	Ploczko,	91
Palencia,	62	Ploermel,	34
Palerme,	68	Poitiers,	46
Paliacat,	101	Poligny,	27
Pamiers,	14	Pondichéry,	101
Pampelune,	62	Pontarlier,	21
Panama,	127	Pont-Audemer,	22
Panuco,	124	Pontivy,	34
Para,	129	Pont-l'Evêque,	16
Paraïba,	130	Pontoise,	43
Paris,	41	Pontremoli,	51

Saint-Claude ,	27	Salé ,	112
Saint-Denis ,	41	Salerne ,	57
Saint-Dié ,	47	Salonique ,	93
Saint-Domingue ,	126	Saltzbourg ,	75
Saint-Etienne ,	28	Saluces ,	50
Saint-Flour ,	17	Samarcande ,	107
Saint-Gall ,	65	Sancerre ,	18
Saint-Gaudens ,	24	San-Dona ,	55
Saint-Girons ,	14	San-Iago ,	126
Saint-Jean-d'Angély,	18	San-Iago-al-Angel,	127
Saint-Jean-de-Maurien-		San-Jago ,	129
ne ,	49	San-Jago-del-Esteros ,	
Saint-Jean-de-Porto-Ri-			131
co ,	126	San-Salvador ,	116
Saint-Léon-de-Nicara-		— au Brésil ,	130
gua ,	124	— au Paraguai ,	131
Saint-Lô ,	32	San-Severina ,	57
Saint-Malo ,	25	Sandomir ,	91
Saint-Marcellin ,	27	Sanguesa ,	62
Saint-Omer ,	37	San-Remo ,	49
Saint-Paul ,	130	Santa-Fé ,	125
Saint-Pétersbourg ,	87	Santa-Fé-de-Bogota,	127
Saint-Pol ,	37	Santhia ,	50
— de Loanda ,	116	Santillana ,	60
Saint-Pons ,	25	Saragosse ,	62
Saint-Quentin ,	12	Sarlat ,	21
Saint-Sébastien ,	130	Sarrebourg ,	33
Saint-Sever ,	28	Sarreguemines ,	35
Saint-Thomas ,	130	Sartene ,	19
Saint-Vincent ,	119	Sarzana ,	51
Saint-Yrieix ,	46	Sassari ,	59
Sainte-Barbe ,	124	Saumur ,	31
Sainte-Marthe ,	127	Savenay ,	29
Sainte-Menehould ,	32	Saverne ,	39
Saintes ,	18	Savone ,	51
Salamanque ,	62	Sceaux ,	41

Schaffouse ,	65	Soleure ,	65
Schelestat ,	39	Solsone ,	61
Schio ,	55	Songo ,	115
Schweidnitz ,	79	Sophie ,	92
Schwits ,	65	Sorrèze ,	44
Scutari ,	93	Souène ,	111
Sedan ,	14	Spanish-Town ,	126
Séez ,	36	Spezzia ,	51
Ségorbe ,	61	Spilenberg ,	55
Ségovie ,	62	Spiritu-Sancto ,	130
Segré ,	31	Spoleto ,	53
Semur ,	19	Stantz ,	65
Senlis ,	36	Stettin ,	76
Sennaar ,	115	Stockholm ,	85
Sens ,	47	Strasbourg ,	39
Sérégippe ,	130	Strigonie ,	77
Séringapatam ,	102	Stuttgard ,	76
Séville ,	61	Suaquem ,	115
Siam ,	103	Suez ,	111
Siara ,	129	Sugelmèse ,	113
Sienne ,	52	Surate ,	100
Siguença ,	62	Sus ,	112
Simbirsk ,	88	Suster ,	99
Singan ,	104	Suze ,	50
Sinigaglia ,	53	Syracuse ,	58
Sion ,	65	**T**	
Sior ,	105	Tabasco ,	124
Siouah ,	113	Tafilet ,	112
Sisteron ,	13	Taiouan ,	105
Sivas ,	96	Taman ,	107
Skalholt ,	84	Tamaraca ,	130
Sleswick ,	ibid.	Tamarin ,	120
Smolensk ,	88	Tambouctou V. Tombut.	
Smyrne ,	96		
Sofala ,	117	Taraçona ,	62
Soissons ,	12	Tarascon ,	16

Tarbes ,	38	Tonsa ,	108
Tarcou ,	99	Tonsera ,	113
Tarente ,	57	Tor ,	97
Tarragone ,	61	Tortone ,	50
Tarudan, *Voyez* Sus.		Tortose ,	62
Tata ,	100	Toul ,	33
Tauris ,	99	Toulon ,	45
Tavira ,	64	Toulouse ,	24
Tayven ,	104	Tournai ,	67
Tcherkask ,	89	Tournon ,	13
Tchington ,	104	Tours ,	25
Téflis ,	107	Tranquebar ,	101
Téhéran ,	99	Trévise ,	55
Temeswar ,	77	Trévoux ,	11
Tercovisck ,	92	Tripoli , 96 —	112
Terki ,	107	Troyes ,	15
Termonde ,	67	Truxillo ,	128
Teruel ,	62	Tsinan ,	104
Thiers ,	37	Tudela ,	62
Thionville ,	34	Tulle ,	18
Thorn ,	91	Tunis ,	112
Tis ,	99	Turfad ,	106
Titcicar ,	106	Turin ,	50
Tivoli ,	53	Tutucurin ,	101
Tlascala ,	124	Tuy ,	60
Toam ,	83	Twer ,	87
Tobolsk ,	107		
Tocorte ,	113	**U**	
Todi ,	53	Udine ,	55
Tokai ,	77	Ummerapoura ,	102
Tolède ,	62	Upsal ,	85
Tolmezzo ,	55	Urbino ,	53
Tombut ,	115	Urgel ,	61
Tondern ,	84	Ussel ,	19
Tonge ,	117	Utrecht ,	68
Tonnerre ,	47	Uzès ,	23

FIN DE LA TABLE ALPHABÉTIQUE.

www.ingramcontent.com/pod-product-compliance
Lightning Source LLC
Chambersburg PA
CBHW071951090426
42740CB00011B/1896